无界成长

谢胜子 著

文匯出版社

图书在版编目（CIP）数据

无界成长 / 谢胜子著. -- 上海 : 文汇出版社，2020.5

ISBN 978-7-5496-3158-2

Ⅰ. ①无… Ⅱ. ①谢… Ⅲ. ①成功心理－青年读物 Ⅳ. ① B848.4-49

中国版本图书馆 CIP 数据核字（2020）第 055546 号

中文版权 © 上海阅薇图书有限公司
经授权，上海阅薇图书有限公司拥有本书的中文版权

无界成长

作　　者 / 谢胜子
责任编辑 / 戴　铮
封面设计 / 王重屹　大橙子
版式设计 / 汤惟惟
出版发行 / 文匯出版社
　　　　　上海市威海路 755 号
　　　　　（邮政编码：200041）
印刷装订 / 上海颛辉印刷厂有限公司
版　　次 / 2020 年 5 月第 1 版
印　　次 / 2021 年 1 月第 3 次印刷
开　　本 / 880 毫米 ×1230 毫米　1/32
字　　数 / 185 千字
印　　张 / 9.25
书　　号 / ISBN 978-7-5496-3158-2
定　　价 / 48.00 元

侵权必究
装订质量问题，请致电 010-87681002（免费更换，邮寄到付）

序 / 001

第一章　实习在美国｜孤独与野心

初来乍到芝加哥 / 003
金发美女经理的魔鬼训练 / 010
如何在异国他乡打开社交局面？/ 021
你是我的导师吗？/ 030
美剧给我带来了什么？/ 038
延伸篇：自信是跨文化交流的通行证 / 043

第二章　留学英格兰｜商科学子的自我修养

那位坐在第一排的印度男生 / 053
中英商务谈判大赛教会我的博弈思维 / 061
另辟蹊径，寻找伦敦金融城实习 / 066
现场观战欧洲杯总决赛 / 078
巴黎与审美体验 / 087
延伸篇：商学院没有教给我的 / 097

第三章　当我们谈论面试时，我们在谈论什么

群面的丛林法则 / 109

压力面试的底层逻辑 / 121

问出一个高质量的问题 / 126

第一印象管理法则 / 132

与面试官换位思考 / 138

穿出你的职场风格 / 144

延伸篇：如何抛弃关于竞争的耻感 / 151

第四章　职场与跨界转型
　　　　│从四大会计师事务所到区块链

专业是最大的高效 / 161

备考财经证书的苦与乐 / 169

转行决定只用了三分钟 / 180

一名"商务"的自我修养 / 190

比特币的魅力 / 195

建立健康多元的人脉圈 / 202

职场技巧篇：饭商│邮件写作│公共表达

│碎片时间管理 / 213

延伸篇：职场中的雌竞与雄竞 / 231

第五章　这是一个日趋无界的世界

知识无边界｜阅读是最好的自我精进 / 243
职业无边界｜我和我的斜杠青年们 / 254
商业无边界｜老板思维和员工思维 / 263
驱动无界的"万有引力" / 273
延伸篇：偶遇江苏卫视《一站到底》/ 275

后记 / 283

序
Preface

不知从什么时候起，我对"作品"一词有了执念，认为人生就是应该接连不断地创造作品。载体倒无所谓，可以是一本书，一首歌，一部纪录片，一个项目或者是一家公司。作品凝练地体现着创作者的审美、能力和价值观，它就是创作者本人。

我就是抱着这样的信念去写这本书的。我捕捉成长过程中在我身上存在过的每一种情绪，好的、不好的，鲜明的、隐晦的，哪怕只是一闪念，我希望尽可能完整；我努力打开内心的褶皱，人的感受总是复杂且不可言说，但我极尽我的语言能力，把多维体验转换成二维文字。写作的时候，有时我像是在跟自己聊天，有时是试图与你对话，有时又好像站在上帝的第三视角；有时我写着写着笑了，有时我写着写着惆怅了，有时写到令自己都啧啧称奇。但只有一条不变——我始终直面自我，保持真实，并竭尽所能。

斯蒂芬·金说："写作要写你最熟悉的东西。"这本书是关于我从 18 岁到 25 岁间的经历，从故乡到异乡，从异乡到异乡，我经历了从学生到实习生、从职场人到创业者再到自由职业者的身份转变。这是我人生真正的起步期，也是快节奏的成长期。

第一章写的是在美国实习的故事。当时，我在一场全国的面试选拔中超水平发挥，以排名第一的成绩拿到了赴海外实习的机会。

还容不得我反应，我就要前往芝加哥，面对的语言环境、人际环境、工作和生活环境都是全新的。实习生处于校园和职场的中间地带，在公司里充满好奇但也小心翼翼，想接触更多人、更多事，但又总担心说错话。实话说，这些东西没有捷径，也没有人真正能给你指导，只能自己一个情绪点、一个情绪点去突破，而一旦突破，这些累积的能力就可以转移到其他事情上。

第二章是我在英国华威大学商学院念书时的一些经历与所思所想。我一直对"教育"很关注也很有兴趣。写这一章时，我不仅是以一个教育接受者的视角，也是以一个教育旁观者的视角。我试图以"浸入"的方式来体现西方商学院的特点，也在辩证地思考其不足。教育服务大众，对于个体，任何一种教育方式都不可能绝对完美或适合，但人是灵活的，取其长补其短，不盲从，也不盲目崇拜，在自我教育的过程中进行主观能动的调整。没有什么教育可以手把手地帮你成为你自己，但你自己可以。

在第三章中，我把自己的面试经验凝练成模型和方法论，从曾经的面试者到现在成为别人的面试官，我对群面、压力面，多对一、一对一等面试形式再熟悉不过了。临近毕业那会儿，我把面试当成闯关游戏，因战绩颇丰甚至一度沉迷于此。虽然这样对众公司来说有点儿"不道德"，但对我自个儿却是再好不过的自我发现和自我提升的方式。面试本身并不重要，成也好，败也好，该来的总会来，该得到的总会得到。人历万事，万事皆是工具，只为找到自我。

第四章是我的职场体验，尤其花了些笔墨写我最擅长的人际与资源整合。有朋友得知我要写书，且有一章专门聊职场，他打趣说：

"你自己还是个青瓜蛋子呢,为时尚早吧,你现在又懂多少呢?"我倒不这么认为。正是由于"新",我才有探索和猎奇的动力,才有敏感的能力,真要等到驰骋职场几十年,一切都变得那么轻松平常,再想表达,反倒未见得是一件好事。我当然会有青涩的地方,青涩不可逆,所以出于私心,我恰巧很想留住这份青涩。

如书名——无界成长,第五章"这是一个日趋无界的世界"是全书的主旨体现。我在书中多次提到,人终其一生,是为了成为自我。儿童时期的人就像只小动物,哇哇大哭,无知者无畏。父母、学校、社会花了大力气教会我们规则与规范,这是人的第一次成长。成年之后,要凭借自我努力不断开化自己,明白什么是你真正爱的,什么是你真正要的,然后去突破世俗的眼光,摒弃框架的束缚,只有内心没有边界,灵魂才能真正自由,这是人的第二次成长。

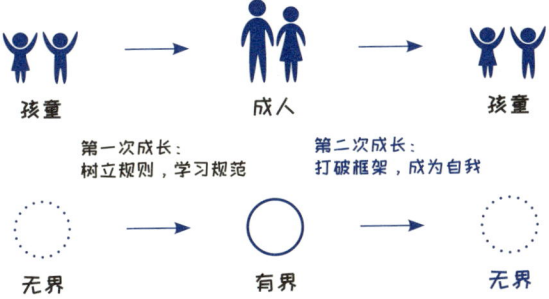

完整的成长闭环,是从孩童到成人再到孩童的过程,是从毫无章法到树立边界再到内心无界的过程。正如我在第五章里写到像埃隆·马斯克这样的天才企业家——"他们的每一次成功不是让他们越

来越像成人，而是越来越给他们勇气去回归孩童时期天马行空、无边无际的想象力"。其中缘由也正是在此。

纵使我有些篇章好似在写职场技巧，但于我自己，总结出一套属于自己的逻辑，让它成为我确定的行为规范，甚至成为我的信仰，是让我变得更自由而绝非更局促的方式。我在写作时，也更侧重回忆和还原成长中的思维过程，而非所得结果。毕竟在这个时代的信息海啸里，从不缺励志的道理，不缺精彩的选择，谁都不需要给谁答案，我们只需要给彼此更多的灵感、理解和陪伴。

不能免俗，也想在此表达一些感谢。感谢爸爸妈妈，你们大概率会成为我这本书最忠实的读者，你们会反反复复读每一句、每一字、每一个标点符号，一遍又一遍，你们是世界上最愿意了解我的人；感谢我的朋友们，我在很多篇章里提到你们说的话、和我一起经历的事，有时我点名了，有时没有，但这不重要，只希望你们看到时能会心一笑；感谢贝页的编辑们，你们专业、严谨的态度让我对书籍有了更新的认识；感谢高顿教育的支持。

这是我写的第一本书。此时的我还远远算不上一个多有影响力的人，也算不上作家，所以我能给你们的最好的东西，只有真诚。不论你是在怎样的机缘巧合下读到这本书，我都想谢谢你。

最后，借巴金先生的一句话来结束这篇序："我之所以写作，不是因为我有才华，而是因为我有感情。"

胜子
2020年1月于上海

第一章
实习在美国｜孤独与野心

不自知地去迎合，
是因为你没有找到"自我"
在这个环境中的轮廓与落脚点。
自信是一种无条件地
相信和珍视自己感觉的能力。

初来乍到芝加哥

❶

在此之前,我没有去过美国。等会儿落地奥黑尔国际机场后,我有不到 48 小时去熟悉这座城市,然后就应该穿上职业装,去一家国际会计师事务所的联邦税部门报到。公司在大名鼎鼎的威利斯大厦,正对面就是特朗普大厦,由现任美国总统唐纳德·特朗普于 2009 年在此捐建而成,公司边上是碧玺绿的芝加哥河畔和极具设计感的"城中城"双玉米大楼。是的,相关资料我早就查得清清楚楚了,这片区域繁华热闹,是世界建筑设计从业者的朝圣之地。对于即将在这里开始的工作和生活,我跃跃欲试,内心的期待和兴奋压过了所有的忐忑。

二十岁左右的年轻人真是精力充沛,你能想象我在十几个小时的长途飞行中完全没合过眼吗?我的脑子里一直在自行"放电影"——从在北京的面试选拔中拿到这份赴美实习机会,到这几个月和公司来来回回发邮件沟通各种事宜,再到刚才爸爸妈妈送我来机场。按我的意思,一切从简,但奈何行李箱还是被塞得越来越满。爸爸查过芝加哥的天气后,觉得零下十几摄氏度实在太恐怖了,又硬给我塞进去好几条秋裤。我,是从来没有穿过秋裤的,他们根本不懂年轻人火气大,压根儿不需要这玩意儿。但我拗不过,还是放进去了。后来妈妈告诉我，当时我是一路蹦进海关的，兴奋极了，没有回头。我又何尝不知道爸爸妈妈在后面看呢？兴奋是真的，想表演出来更是真的，我向来都可以独立处理好所有事情，这次也一样，不需要有任何担心。但刚才本可以和爸爸妈妈拥抱一下的，我想。

飞机越来越低，我透过窗户隐隐约约看到了一点城市的样子。我很享受长途飞行。对时间变得钝感后，大家可以心安理得地发呆，心安理得地睡觉，那些快节奏的商务人画了一会儿PPT后也都开始倒头大睡。突然，飞机猛的一下降落在滑行道上，似乎要把人冲出去了，它用这种疾驰提醒大家，马上就该回到原有的节奏中。好在，我也同样喜欢着一切与速度有关的感觉。

我健步如飞地走出机场，一左一右两个行李箱，一袭白色的羽绒服敞开穿，迎着风踌躇满志地等待公司派来接我的车。

手机连着震动了几下，是HR发过来的邮件："Since，欢迎你加入我们公司，我们一直在期待你的到来。今天到达酒店后好好休息，明天酒店会提供早餐，中午会有两位同事过来接你在芝加哥市区逛一逛。周一早上8点半，到酒店大厅等我，我们一起步行去公司，到时见。"

寥寥几句，清晰、周到。和我之后看到的每一封邮件一样，得体但又不过分充满感情色彩。我把这几句话来来回回看了好些遍，心里开始规划着第一天应该穿怎样的衣服说怎样的话，像极了一个马上要第一天上学、把书包装了一遍又一遍的小孩。

❷

给我发邮件的 HR 叫 Kimberly，身材高挑，气场很足，她三步并作两步地走过来，给了我一个坚实的、有力道的握手。

关于第一次握手，我之前总结过一些经验，比如先用温水洗一下手不要让手太凉啦，比如先用纸擦干手上的汗渍啦，比如擦完护手霜后一定要过一会儿啦。但是最关键的，还是一个自信的对视，和一个同样富有力道的回握。

芝加哥的风很大，在外得穿着长款大衣或羽绒服，但进到写字楼内就不一样了。大家在旋转门处麻利地脱下外套，里面穿着得体剪裁的修身连衣裙或西装，女士们的鞋子和耳钉，男士们的丝巾和腕表，彰显出搭配的心思。大家娴熟地买完咖啡，娴熟地和偶遇的同事点头示意，娴熟地按了一下电梯。尽管一切都是那么规律而紧凑，我还是感受到了某种冲劲与生机。

Kimberly 先带我去了工位，一台电脑，两个显示器，一部电话。"接下来是忙季，做好准备哦！"Kimberly 拍拍我的肩膀，"东西放在位置上吧，我再带你去其他地方逛一逛。"

"这里是衣帽间，外套可以挂在这里，如果下班之后需要去楼下健身，瑜伽服、运动装都可以放在这儿。另外，公司的着装要求虽然是商务休闲，但是建议你常备一套正式的西装，以备不时之需。"Kimberly 一边说，一边把球鞋换成了高跟鞋，"以后你也不用穿高跟鞋通勤啦，鞋子放在公司就好，上下班还是穿球鞋方便。"

"这片带玻璃的房间都是合伙人的办公室，门上有他们的名字，路过的时候可以留心记一下。左边的那一列是会议室，站在窗边可以看到密歇根湖的湖岸线，非常漂亮。"

Kimberly虽然穿着五六厘米的高跟鞋，走路却相当不含糊，每一步都像扎在地上。地上铺着地毯，所以并不用担心鞋子的声音。"来，我再带你去几个神奇的地方，在楼下。"

这里的画风和楼上明显不一样。有按摩椅、拳击袋和很多独立出来的小房间，色彩整体比较明亮。"这里是我们的减压室，心情不好的时候可以来这儿。小房间里有耳机，戴上后会自动播放舒缓的音乐。把门一关，谁也找不到你。"

我扫了一眼整个减压室，发现并没有什么人。

Kimberly赶紧说："现在是上午，所以没什么人。"

"没人好呀，这里没人说明大家心情都很愉快！"

"哈哈！"Kimberly笑了，"其实大家选不选择来这里减压都没关系，重要的是，减压室的设计本身是公司想传递的一种理念——该放松时一定要放松，情绪的愉悦比什么都重要。"

"来这边。"我一边在感慨公司也忒大了，一边被Kimberly领到了另一边，"这里是图书角。同事们会把自己喜欢的旧书捐赠在这儿，你也可以随意取阅你感兴趣的书，无人管理。"

我随手拿起一本《是时候跳槽了》（*Time To Switch Your Job*）。"这样的书也可以吗？"我惊了。"当然可以，我们有着非常开放的企业文化。"

❸

这个实习项目配备着豪华的住宿条件，住了几天酒店后，公司帮我安排了芝加哥市中心的一个酒店式公寓，一个人独享一个套间，顶楼有自助烧烤位，有酒吧，有泳池。头几天我非常兴奋，时不时有其他实习生带着鲜花来我家玩，帮忙暖房。

不过很快我就开始感受到一个人在异国他乡的不容易。每天晚上下班回去，推开房门，屋里黑漆漆的一片，孤独感迅速涌上心头，房间的宽敞反而成为一种负担。

我总是把电视声音放得很大，刚到美国的我还抓不住脱口秀节目中的笑点，但我太需要从电视机里迸发出的那一阵阵笑声；我能做好的菜不多，炒蛋算一个，油下去，蛋下去，刺啦刺啦地，这一点点的烟火气足以给我很多安慰；和国内的朋友隔着时差，拿起手机发出信息，也要等好几个小时后才能得到回应；晚上我一定要伴着迪士尼动画片才能睡觉，一床被子盖在身上，另一床被子摞得高高的放在床边，一个枕头枕在头下，另一个枕头紧紧抱在怀里。我突然想到，小学时爸爸妈妈很晚才回家的时候我就是这么睡觉的。

由新鲜感支撑的高亢情绪退去之后，你要说不孤独，肯定是假的。2月的芝加哥实在太冷了，工作之余我找不到任何的情绪依附点，心里空空荡荡，像极了骤然失恋的感觉。

那时我住的房子旁边是一家Subway（赛百味，美国快餐连锁店），刚到芝加哥的时候我几乎每一天、每一顿都吃这个。一来，第一个月的工资还没到手,要省钱;二来,我不是特别敢独自去餐厅吃饭,初来乍到的生涩气场驾驭不住热热闹闹的餐厅,也不知道怎么给小费。不过不得不说,Subway 真的挺好吃,而且我这个人轴得很,总是凭自己的喜好搭配,一旦觉得好吃就再也没有换过。所以我每次去那一家店,当天无论谁值班,大家都无需问我就直接开始给我做。他们流露出的那种心领神会的眼神,竟会给我一种归属感。后来有一次我在逛超市时,遇见了那家 Subway 的一个小哥,他和他的妈妈、妹妹在一起挑选水果。他跟我大声打招呼,把我介绍给他的家人,说我是他们店最忠实的客户。

不知道为什么,正是在那一刻,我突然觉得我融入了这个城市,我可以在除了公司之外的地方,遇到朋友,遇到熟人。也正是在那一刻,我意识到只要你在积极地与城市发生互动,买三明治也好,逛药妆店也好,看美术展也好,或者就只是在公园里溜达溜达,太阳底下就会有故事发生,这些故事会让你不再孤单。人要打开自我,才能落地生根。

我给自己心理暗示说,我既不是游客,也不是过客,我是一个已经生活在这里的人。这附近哪里有最美味的早午餐,哪里有干洗店,哪里有风景不错的小角落都跟我有关,我都需要知道。

一个人在餐厅吃饭的感觉其实可以非常好,周遭有过生日的、有约会的、有朋友聚会的,既然我们同处一个空间,他们便都可以成为我的陪伴。当你不再抗拒生活气息,生活气息也会无私地拥抱你。末了,服务员送了我一个冰激凌,说是新品,让我尝尝。巧克力和冰草相间,蛋筒很长,最上面缀着一颗大草莓。在回家的路上遇到一个遛哈士奇的小女孩,她盯着我的冰激凌,挪不动步。她妈妈只好问我:"小姑娘,这是在哪儿买的呀?"这种被问路的感觉好极了,我跟她们说:"喏,前面那家店,直走,转过去就是。"

当天晚上回去,我边洗澡边唱歌来着。我拉上窗帘,把手机充上电,涂了身体乳,预备早早地睡觉。唯独忘了把另一床被子摞在床边。

金发美女经理的魔鬼训练

❶

每次路过 Eileen 的座位，我都忍不住要朝她多看几眼。金发碧眼，眼神在几个屏幕间敏捷地移动，手指修长，但敲击键盘的声音不大。

忙季时大家难免会在神态上垮一垮，相逢在茶水间时吐槽一下难搞的客户，累的时候会在座位上趴一趴。唯有 Eileen，早上 9 点，中午 12 点，晚上 9 点，看到她时都是一个样，整个人的状态和她身上的西装连衣裙一样，永远笔挺，永远带风。

得知有机会直接跟着 Eileen 做项目，我暗自开心了一下午。听别的实习生说，Eileen 用最快的速度升上了经理，非常拼。也有人说，Eileen 的衣服一个月不会重样，每天早上 6 点半就在公司楼下的健身房练瑜伽了。

没想到的是，项目开始的第一周，我就被 Eileen 训了好几次。

第一次是我早上刚到公司，被叫过去参加一个电话会议，整个过程节奏很紧凑。Eileen 语速很快，对方语速更快，会议过程以迅雷不及掩耳之势结束了。

"等下写一份会议纪要，中午之前发邮件给我。" Eileen 交代完便被同事叫走了，走进了一个大老板（合伙人）的会议室。

之前在国内实习时知道了，如果一件事情你做不到，一定要在一开始就说，不能等到逼近最后期限时不得已才说。但 Eileen 丝毫没有给我反应的时间，没办法，我只好硬着头皮写。

临近中午，Eileen 才从会议室里出来。我战战兢兢地走到她面前，带着一套说辞。

"Eileen，邮件我发您了。但早上的电话会议我跟得有点困难，写得简洁，可能您还得改一改。"

Eileen 没有抬头，也没有说话，低着头继续看文件。原来靠近 Eileen 时会闻到她身上的香水味，柑橘香中带着一些檀木和胡椒味儿，总之不是一种典型的女性香味儿。

"你为什么会跟得有点困难呢？"她还是没有抬头。

"我觉得是因为我对这个项目的背景完全不了解，您之前好像也没有发过相关资料给我。"我想提醒 Eileen 是不是她忘记了。但不管是使用"好像"这样的模糊词，还是开始下意识地推卸责任，都已然在传递着内心的某种惶恐。

过了几秒，Eileen 放下了手中的资料。"那你之前为什么不来找我呢？了解项目的背景资料，是你要主动做的事情，是你的工作。"她碧绿的眼睛没有流露明显的情绪，但似乎又可以一眼洞穿我。

还有一次就更委屈了。也是电话会议，全程很顺利，我还帮忙和客户沟通了几个辅助性问题，自我感觉良好。几小时之后，Eileen 在电脑上发信息给我："怎么样，会议纪要完成了吗？"我连忙回道："Eileen，您这次真的没跟我说要写会议纪要。"

Eileen 没回我。我赶忙开始写,写完交给 Eileen 时,她说她自己已经写完发给客户了。

当周周五晚上团队聚餐,大家围着长桌子一起吃比萨,Eileen 选了我旁边的位子坐下,递给我一盘比萨:"相信我,我挑的这些比萨的口味是最棒的。"我知道 Eileen 有话对我说,她果然也不拐弯抹角。

"Since,我知道你是认真的,但只是事事有回音还远远不够。工作中的积极主动并不只是你主动去帮我印个文件那么简单,而是要把工作当成自己的事情来做,主动思考项目中的哪些环节应该由你来完成,然后把这些事牢牢握在自己手中。这是我的期待。"

"可是,每个经理的风格不一样,我不知道'主动'的度要怎么把握。比如会议纪要,我不知道您有没有让其他实习生写。如果抢了别人的活,是不是不太合适呢?"

Eileen 顿了顿,笑了一下。"要不我们去那边聊?"Eileen 指了指餐厅外面的小吧台。

"我很开心你有自己的想法,但在职场中永远不要为自己过于主动而感到难堪。"Eileen 娴熟地帮我倒了一杯柠檬水,她的指甲是裸色的,修剪得很干净。

"首先,绝大多数的经理都喜欢主动的小朋友,这是帮我们减轻分配工作的负担。即使有人不喜欢实习生太主动,也不会减分太多。如果做一件事,极大可能会加分,减分的情况下也不会减分太多,那就应该毫不犹豫地去做。另外,永远以更好地帮团队完成工作为导向，你们这个阶段不需要有'抢活儿'是否得体的顾虑。等到你真正入职了，慢慢往上走，也不要害怕去'抢'。"

当晚，Eileen 还跟我说了许多话，有的我记得清，有的我记不清了。我只记得我离 Eileen 特别近，她的睫毛很长。还有，她当天大概是换了一种香水，那是一种非常温柔的味道。

❷

上项目的第二周，忙季进入巅峰阶段。茶水间里开始不间断地出现曲奇饼、胡萝卜蛋糕和切得整整齐齐的水果，公司希望用食物给疲惫的大家一些安慰。

我并不觉得之前和 Eileen 有过一次谈话后就多了任何的熟络。Eileen 还是那样干练、高效，还是那样直接。

"为什么表格会打印成这个样子？字太小了，没法读。"

"PPT 横着打印和竖着打印时订书针的位置是不一样的，这点常识没有吗？"

"这些东西随便上网就可以查到，不需要问其他同事。"

"邮件一定要自己检查无误后再发，对内补发一封邮件还可以接受，对外尽量不要再发生了。"

"……"

还好我已经越来越清楚要怎样和 Eileen 一起工作——要主动，要有明确的交付时间，遇到问题要及时反馈不要拖，被指出的错误不要再犯第二次。

越来越了解她的风格后，我不再那么害怕和 Eileen 说话，我把茶水间的水果和甜点端给 Eileen。

"谢谢你，但是我从来不在工位上吃这些。喏，看见啦？都是材料。"

我脑子飞速回忆之前给 Eileen 的材料是不是不小心溅上过水果汁儿，极有可能是的。之后我便再没有在自己的位子上吃过。

Eileen 的项目是一个税务咨询项目，客户是一家跨国食品生产商，其生产的巧克力和糖果在北美、欧洲和亚洲都大受欢迎。当年，该生产商旗下的品牌在进行规模性重组，我们的任务是为其提供涉外业务的税收筹划方案。据说，这是一个新客户，Eileen 也是第一次接手这个行业，光是关于行业和公司本身的调研，我们就开了三个会。从产品构成到消费者趋势，从渠道效益到上下游产业，从连年的完整财报到竞争者关键指标曲线，我感受到了 Eileen 的严谨和认真。但其实我有点不解，这毕竟不是一个市场或管理咨询项目，对业务本身的理解有必要细致到这种程度吗？

后来，Eileen 带我们去客户的公司开会，头一天晚上，整个团队改 PPT 到凌晨，不只是关于字体和排版的小改，是整个呈现结构的大改，一改再改。犹记得最后大家目光都涣散了，Eileen 还是目光如炬。第二天的报告很成功，Eileen 脸上绽放了放松的笑容。结束时，客户给我们换上了全身消过毒的服装，带我们去参观了工厂——高科技的巧克力生产线，精细的质量控制设计，令我大开眼界。Eileen 开始疯狂提问：

"从研发新品到试生产的周期大概多长？"

"AI 技术引进可否使得现场管控实现完全自动化？"

"残次品会如何处理？"

"原料库和辅料库的温度储存条件会大致消耗多少费用？"

"……"

这些问题显然跟项目本身没有很直接的联系。"Eileen 可真是个好奇宝宝。"我心想。但不管怎么说，当时的我已经被 Eileen 训练出了某种感觉，她一边跟客户沟通，我一边帮忙在手机上速记，回公司后主动把速记笔记发给了 Eileen。

后来，我参加了公司的一次内部培训，Eileen 是主讲人。她告诉我们："专业服务是靠细节去赢得客户的尊重和信任的。仅仅靠态度，还不足以达到我所说的'细节'的要求，细节是一种眼界，也是一种能力。这种能力来自对客户业务的真正理解，知道他们最在意的是什么，你才知道在哪里下功夫。"

当时的我还无法理解 Eileen 所说的"对业务的洞见真正区分了财务专业服务的水平"。我只是觉得当时台上的 Eileen 在闪闪发光，尽管她很少夸人，要求也很苛刻，但我还是期待跟她有更多的相处。

以前看过一种说法："领导力是一种让人没有缘由地想去追随的能力。"我很认同，我对 Eileen 就是这种感觉。

❸

令人惊喜的是，Eileen 后来又邀请我加入她手上的另一个项目。我想这应该已经算是一种认可。也正是那个项目，让我真正脱了一层皮。

美国的税收体系非常庞杂，而且与中国差异巨大。听同事说，美国联邦税局与美国国防部、美国中央情报局并称为美国最令人闻风丧胆的三大政府部门。其中，联邦税局以从业人员的强势、专业以及各种突如其来的税务稽查而著名。Eileen 这个项目的客户被质疑近年所得与投资比例不相吻合，我们作为乙方，要帮助客户向联邦税局拟出一封解释信。

而我的第一个任务是，打印。行业内竞争对手近三年的财报，美国主流财经媒体近一年对行业的相关报道，各大咨询公司对利润率的分析报告，美国联邦税、州税和城市税的相关政策以及公司内部的类似案例存档。团队成员分工搜集这些信息，各式各样的 PDF 和压缩包像雪花一样飞进我的邮箱，而我的工作是分门别类，确保以最快的速度将所有内容不重不漏地打印出来。那天我像螺旋一样奔跑于打印室、Eileen 所在的会议室和自己的座位，所有文件一式三份，装订成册，由于其中的彩印部分过多，不得不去走一遍向公司打印中心申请打印的行政流程。Eileen 当然不会理会这种琐事，我必须自己摸索着处理。

当我抱着最后一摞三百多页的资料送给 Eileen 时，已经晚上 9

点半了,我才意识到在过去的 10 个小时里,我既没有吃东西,也没有喝水。

而这只是一个开始。

忙季里每个人手上都同时做着各种项目,Eileen 手头明显人手不足。"Since,你用过彭博数据库吗?"

"没有。"

"你帮忙画过柱状图吗?"

"没有。"

"你给美国联邦税局打过电话吗?"

"没有。"

Eileen 顿了两秒,说:"过来吧,我教你。但我只教一遍。"

我看这架势,Eileen 是想把一个实习生当作初级税务咨询顾问用了。我虽然有点小高兴,但也分外紧张。尤其是与美国联邦税局打电话,我常常看到邻桌的同事为了一个电话而耗费一整个下午。尽管当时的我已经考完了 ACCA(特许公认会计师公会)的所有考试,商业英文不错,但也自觉还没有达到可以独当一面用英文去交流专业问题的程度。

Eileen 当然不会理会我这种借口:"很简单的,让对方告诉你是哪个条例就可以了。听不懂的地方你记笔记,反馈给我就行。"

我就这样被赶鸭子上架了。在打每一个电话之前,我内心都要默默预演很多遍,电话的连通过程中,我既希望能快点有人接,又害怕被过快接通。好在美国联邦税局的热线接听人员强势归强势,但很热情，也很耐心。Eileen 交代我千万不要暴露自己是公司的员工。当时我以为她是担心我发挥不好，让公司的专业形象受损，后来才知道，大家打电话都不会暴露公司，这是对客户和项目所处阶段的私密性的保护。

当项目逐渐进行到准备交付的阶段时，Eileen 进入了一种更为疯狂的状态。相关文件一天之内要更新无数个版本，每改一次都需要我放大两个规格字体，重新打印出来交给她。Eileen 的目光像老鹰一样，"这个引用字体应该用斜体，你去改一下，再打印一份给我。"

我们在解释信的第二个部分加入了一个行业的平均基准对标柱状图。好不容易完成了，我刚出电梯，Eileen 的信息就过来了，"Since，你还没出大楼吧？我觉得基准对标还是改成横向的比较好，不然你再上楼改一下？"

当我修改完要离开的时候，Eileen 还没有走。已经快晚上 10 点了，她应该还没有吃过晚饭，我走到她的桌子旁边跟她打了一声招呼："注意身体。"Eileen 轻轻地"嗯"了一下。她和其他美国同事不一样，好像不太和大家寒暄。

出于好奇，我在公司内网查了一下 Eileen 的资料，原来她大学学的是一个跟财经毫不相干的专业。有的时候，我跟其他实习生一起吃午饭，有人说 Eileen 的项目太苦了，不要接，有人说 Eileen 家里很有钱，她在离公司很近的地方租了一个高级公寓，她自己上下班近，却从不体谅住得远的同事。我想替 Eileen 反驳，却又不知道从何说起，如鲠在喉。

❹

过了 4 月 15 日,也就是每年美国联邦税申报表提交的截止日期,忙季就告一段落了。全部门在芝加哥半岛酒店的鸡尾酒廊开派对,这个位于繁华的密西根大道的酒吧有一个开阔的大型露天阳台,据说是感受芝加哥华灯初上的最佳地点。派对的隆重程度相当于上半年的年会,大家都华服而来,谈笑风生。

以 Eileen 的身段和时尚品位,绝对可以在这样的场合艳压群芳。但是当晚我没有见到她,我也不知她为什么没有来。

后来,Eileen 好像去波士顿出差了,我一直到实习结束也没有再见到过她。我离开芝加哥的时候,同事们为我办了一个小型的欢送会,我与他们一一拥抱。我给 Eileen 发信息,她跟我说:"祝你好运。"

美国的同事们都很喜欢用社交网络,回去后我也一直关注着他们。Eileen 却不怎么用,她只用领英(LinkedIn),但也很少更新。回国的两年后,我看到 Eileen 跳槽去了一家知名律所,换了一张新头像。

当时在美国实习的我还很青涩,纵使对 Eileen 很关注也很欣赏,也从不敢主动开口跟她约一顿午饭,更不敢去跟她聊起除工作以外的任何事情。

但好像也没有关系，因为直到现在，我还是会时常想起 Eileen，想起她像老鹰一样盯着屏幕的眼神。我总觉得她用无声之语告诉过我，做好自己的事，做硬核的事。

我很感谢她。

如何在异国他乡打开社交局面？

❶

为了方便与我联系，爸爸摸索着开通微信，那个灰白的系统默认头像在头一周里闪动无数次："感觉怎么样，至少交流没问题吧？"

这个问题其实很难回答。交流永远是分很多层级的，你在这个层级的交流无障碍，并不意味着随着交流层级加难加深，你还能应对自如。坦白讲，还不错的口语加上去之前已经臆想了无数可能出现的场景，生活和基本的工作交流没有什么太大的问题。也是因为大家都充满善意，面对一张外国人的面孔，会放慢语速，会使用相对浅显、夸张的表达方式。

但这并不是说，交流没有问题。

作为一家会计师事务所的全球总部，这里有着非常棒的运营流程和企业文化，对所有的实习生也给予了足够的重视。每周大概有两到三个中午，HR 会组织部门的"实习生 & 合伙人午餐"或"实习生 & 经理午餐"或跨部门的"实习生午餐"活动。借助共餐时间，让不同层级不同部门的人相互交流相互了解；每周五，都会接到同事们欢度"星期五晚上（Friday Night）"的邀约；每半个多月一次的"欢乐时光（Happy Hour）"，或在酒店或在酒吧，婀娜的女服务员端着各种形形色色的甜点和饮料在你身旁走来走去，大家倚在长长的西式桌子旁边，只谈生活不谈工作。

早就听闻在美国绝对不会缺少社交的机会，看来确实是如此。而这，也成了我起初最大的困难：当你不是唯一的被表达对象，你就不会得到特殊的照顾。当所有人都开始用他们自有的话语体系交流时，别说融入，连完全紧跟思路地听懂都不容易。常常会出现的场景是，谁似乎讲了一句非常地道的笑话，全桌人齐刷刷地迸发出笑声，我没有听懂，但为了不显得太突兀，也只好皱着眉头跟着笑。问题在于，哪怕你反应再快、演技再好，你的笑声也会延迟零点几秒。而恰恰是这一点点的延迟让尴尬升级。

人都会因为尴尬的感觉而不自在，不自在的感觉会让人本能地想逃避。哪怕场地再豪华，气氛再热闹，食物再精致，我还是犯怂地想过要不要这次以身体不适为由推辞掉？难以融入的社交活动绝不会是一场愉快的游戏。可是很快我便打消了这个念头，本就在异国他乡，若自己不主动还一味退缩会让自己更加容易被边缘化。以前看过一篇写社交的文章，分析得很透彻很深入，大意是哪怕是旁人眼中再健谈再有魅力的社交高手，也不会永远都得心应手，也会时常感到不适或语塞。没有百分百的社交者，只有百分百的让你融入的环境，勇敢克服心理上的不适，是主观能动地去降低边缘化程度的第一步。

于是我在微信上跟国内的一些好友聊天，倾诉烦恼，寻求帮助。Lee 是我所认识的人中对英语钻研最深，也是对英语最为热爱的人，他跟我说:"这很正常，语言依托的是文化背景，你不足够了解文化就没有办法彻底掌握好一门语言。如果你被动着很难插话，很难顺着聊下去，试着主动发起话题，去聊你擅长的事情。看看当地的电视新闻和报纸杂志，把有意思的小故事记下来，主动地去跟别人谈论。如果他们讲的笑话你不明白，时机合适的话你可以问，他们或许会因为你的不解而觉得可爱。"

大三暑假时，我在香港参加了 ACCA 的一个活动。有一次我起来问了一个问题，具体问的什么倒不记得了，但是答案却记得很清楚:"你们要不停地跟别人聊天，不断地去和不同职业、不同年龄的人聊天，解决问题的勇气和灵感很多都是聊出来的。"当时没有太大感觉，但逐渐越来越相信这个观点是对的。不要羞于讲出自己的困难，朋友真的会给予你很多好的建议。

和 Lee 聊完之后，我想我不应该再以懵懵懂懂的状态，任其自然地去参加派对了，我开始系统性地去准备各种各样的话题。我要把它当成一个项目来做，当作一次考试来完成。职场社交作为工作延伸场景的一部分，我必须攻克它。

我的第一步是找到同事们的社交媒体，包括脸书、ins（一种社交媒体）和领英等，一边翻阅一边做笔记，尽最大努力去寻找蛛丝马迹，作为可供聊天的突破口。

姓名：Jessica	**姓名**：Mike
部门：Tax（税务）	**部门**：Advisory（咨询）
级别：Senior（高级顾问）	**级别**：Manager（经理）
潜在感兴趣话题：烘焙	**潜在感兴趣话题**：中国、旅游
原因：上周周末参加了某烘焙手工班； 关注了烘焙相关的主页； 发过自己做的布朗尼的照片。	**原因**：ins上有去上海旅游的图片； 经常与中国网友互动。
聊天方向：评价当天的甜点口感与烘焙技巧； 推荐芝加哥好吃的烘焙店。	**聊天方向**：在中国的旅游经历； 是否去过北京？ 上海与纽约、芝加哥的对比。
如果比较合拍，可以进阶的**社交方向**： 可不可以周末一起参加烘焙班？ 下次给团队成员做烘焙的时候，是否需要我的帮忙？打下手，或者拎袋子等？	如果比较合拍，可以进阶的**社交方向**： 是否会一点中文或有意向学一点中文？ 是否可以推荐他在芝加哥的中国朋友给我认识？

一般来说，在社交媒体上动态更多的人会更外向，也更方便我去猜测他们感兴趣的话题。准备好如上的聊天卡后，接下来就是与英文相关的准备。针对一个话题可以随便聊两句，和可以让别人真的和你聊得开心，所需付出的努力是完全不一样的。

比如想要聊烘焙，你需要先自行收集至少100个相关词汇，确保这个话题下基本无生词。

烘焙相关英文词汇：

描述口感：

黏稠的 sticky　　　　　硬皮的 crusty　　　　　柔软而黏牙的 chewy
煮熟的味道 cooked flavor　　走味 pall　　　　　　硬的 stiff
新鲜的 fresh

烘焙产品：

可丽饼 crepe　　　　　慕斯 mousse　　　　　格子松饼 waffle
蛋挞 egg tart/custard tart　胡萝卜蛋糕 carrot cake　薄煎饼 pancake
松糕玛芬 muffin

制作：

过滤 filter　　　　　　过筛 sift　　　　　　　混合 blend with
搅拌 stir　　　　　　　磨碎 grind　　　　　　冷却 chill
搅拌成糊状 mix into a paste

原材料：

各种面粉：　高筋面粉 strong flour　　　小麦粉 wheat flour
　　　　　　全麦粉 whole meal flour　低筋面粉 low protein flour
糖类：　　　玉米糖浆 corn syrup　　　　红糖 dark brown sugar
　　　　　　焦糖 caramel　　　　　　　麦芽糖 maltose
油脂：　　　黄油 butter　　　　　　　椰油 creamed coconut
　　　　　　淡奶油 light cream　　　　咖啡奶油 coffee cream

如上面关于"烘焙"的词汇示例，重点不在于词汇的绝对数量，而在于哪怕是背单词也要有一个逻辑框架，无论是从制作角度还是品尝角度去聊，都要有相应的词汇储备。任何一门语言的基石都是词汇，我每次在整理、背诵完一个话题的词汇后，就瞬间具备了起码的底气与信心。

但这还不够。紧接着，我会在YouTube（视频网站）上搜索关键词"烘焙"，看10个左右的相关视频，但逢碰到可学性很强的句式或表达方法，就一字不漏地摘录下来。仅凭背诵会非常木讷和做作，毕竟是去聊天，这些话一定得像从自己口中说出的才自然。我的方法是对着镜子一遍一遍地练习，从语音语调到语气手势，不顺口的地方就改成自己更上口的词。好在真的越练越上瘾，越练越有感觉。当你很有方向感地去做一件事情的时候，努力的过程从来不会太痛苦。

准备得再圆满和顺遂，到了实操环节也还是状况百出。其实我并不知道每次的派对都会去哪些人，即使我准备过的人正好在场，也有可能就那么不巧的，全程都找不到搭讪的契机。好不容易讲上话了，但对方并不一定按牌理出牌——你和她"烘焙"正聊得好好的呢，谁突然一加入，话题就迅速转了风向，你又变成了那个完全摸不着头脑的你。这些都是正常的。我也为自己准备的话题常常聊不出来而沮丧过，但我能感受到，由于自己的储备在增强，即使聊天并没有落在自己预期的方向上，无形之中我还是自信了许多。

那段时间，只要不加班，我就在家里准备聊天卡，睡前的最后一项活动就是对着镜子练习自己的聊天卡。一方面要全心全意准备，另一方面也要容忍自己全心全意的准备在短期内毫无效果。现在想来，在这个过程中，语言与聊天能力的提升都是次要的，为做成一件事情所磨炼的心性，才是永远不会再遗忘，永远留痕体内历久弥新的。

量变到质变的故事终会发生。中间那些来来回回的细节我已经记不清了，但我记得好像从某一个阶段开始，我不再需要去准备聊天卡了，我也不需要只瞄准那些我准备过的人去说话了。因为我发现，无论和谁讲话，无非就是那些话题，无非就是那些应对方式，一次一次演练下来，在最开始颇感陌生和窘迫的一切，竟然也有了些"信手拈来"的意味。

当然，要感谢同事们的善意，我不知道他们是看到一个中国实习生变得越来越健谈而觉得有意思，还是一早就看穿了我那份拙劣的努力而有心鼓励。渐渐地，大家对我不再是一成不变的礼仪式、关怀式的问候，开始跟我打趣儿，开我的玩笑。这种"我是他们的一部分"的感觉，非常幸福。

同组的六个实习生，三男三女，三个月朝夕相处下来，我们成了很好的朋友。

临近实习的最后一天，大家在我的公寓里小聚了很多次。在习以为常的嬉笑、调侃和吐槽后，我们谈起未来，惊喜地发现年纪相仿的我们其实有一样的迷惘、焦躁和对未来不确定性的又爱又恨，也谈起各自的家庭，各自的爱情。酒和离别是使人变得感性的两剂良药,这一点似乎不太分国界。

可是,越谈越尽兴之后,他们开始问我一些这样的问题:

"Since,既然你说你们也很想有自己的兄弟姐妹,那你们有表达过对独生子女政策的不满吗?听说你们都习惯被政府控制,是吗?"

"买车摇号也太荒唐了吧?"

"我一个朋友的爸爸研究过中国文化和你们近些年的发展,他说中国人一直觉得自己在19世纪受到了欺负、受了伤,所以抱着一种复仇者的心态,一种特别想向世界证明点什么的心态,才能发展得这么迅猛。Since,你觉得呢?"

他们都是很优秀的人,在实习过程中给了我非常多的帮助和关怀,我知道这些话与挑衅完全无关。我心里甚至有那么一丝自豪和开心,因为这至少说明,他们对中国是感兴趣的、是关注的。

也是在那一刻,我才猛地意识到:身处异国,去理解他们的文化,适应他们的思维,让自己有能力去融入他们很重要,但在他们眼中我们带着自己国家的烙印而来,所以我们更有义务去向他们解释一个真实的中国是什么样的,让他们理解在不同的国情下我们采用不一样的政策和发展模式,这并不影响我们崇尚幸福和自由,向他们展示中国的年轻人究竟是一种怎样的状态,或许和西方主流媒体所塑造的有所差异。

最后一周,每一个实习生都要做一个"告别演说",在宽敞而明亮的会议室里,在全部门的同事面前。演说完回到电脑前的10分钟内，我的 Lync（一种办公用的即时通信软件）爆了。很多鼓励和赞美，其中有一句让我很感动："你的表现非常自信非常精彩，完全超出了我对一个来自中国的女孩儿的预期。"他将来会忘了我的名字，但他可能会记得我来自中国。

是，我们都是太普通的人，我们的力量都太渺小太微不足道。关乎整个国家的形象，我们似乎无力触及，但这不代表我们不可以做些什么，不应该做些什么。我们是非常幸运的一代人，比起我们的祖辈父辈，我们有着多得多的机会去海外交流、实习、深造、工作，每个人的身边都有外国的朋友，或许在他们的眼中，你就是一整个中国。

况且我笃信：每一个人的行为都能具备影响力。

你是我的导师吗?

❶

一家成熟的企业给人最直观的感受就是——周到。不管是对待客户还是对待员工,它可能比你自己还要早一步想到你可能出现的问题,不会让你有一种莽莽撞撞闯入大观园的慌乱感,并且通过合理的人员分配和流程设置让人宾至如归。

入职第一天,Kimberly 告诉我,我的导师叫 Geoff,英国人。导师和项目经理不一样,一般不会直接带着你工作,甚至不会和你有关于工作本身的交集。也正因为如此,你可以毫无压力地跟他沟通各种问题,行业的,职业的,甚至是情感方面的。

"类似一个心理咨询师,还有个人的职业生涯规划师?"

"都可以,只要你开心,你甚至可以把他当成你的健身教练,Geoff 健身很专业。"Kimberly 朝我眨眨眼。

很快,Geoff 约我吃午饭。他的一言一行能完全满足你对一位英国绅士的幻想。眼神温柔淡定,吃饭的样子尤其优雅,细嚼慢咽,与你缓缓道来。以至于后来我只要和 Geoff 单独用餐或者坐他对面,都不会去点那些容易掉渣掉馅的食物,只有这样才能勉强保持住我作为一个女生的尊严。

当天,我在下班的电梯里又遇到了 Geoff。尽管当时彼此还只打过一次照面，但在这个闭塞的小空间里还是得寒暄几句。

"哇，你的耳罩看起来很实用很漂亮，在哪里买的？"

Geoff 笑了，待电梯停稳后，他把我拉到大厅的一个角落里，用标准的伦敦腔向我介绍他是在哪个方向哪条大道的哪个店买的，从这里出发要怎么走，并且告诉我由于当时他和他的妻子还买了很多东西，他不能确切记得耳罩具体是多少钱，但告诉了我大概会在怎样的一个价格区间。虽然我应和着，其实并没有去调用自己的方向感在脑海中勾画这个店的位置，我光顾着欣赏 Geoff 优雅的口音了。况且，我没有真的想买这个耳罩，我发誓那只是一句寒暄。

第二天，我收到了 Geoff 的一封邮件，邮件中附有那家店的具体地址、商标以及一幅局部地图。他说他后来想想我来这个城市还没几天，口头向我讲述路线我不一定能跟上思路。当时觉得这种一板一眼跟你较真儿的感觉特别可爱，也以为这件事情到这里就应该结束了。

第二周的某个中午，我在午餐回来后发现我的桌子上放着一个礼品袋。上面贴着一个小便条："我后来又见你好几次，发现你走在风中还是没有戴耳罩，我想你可能是在寻找的过程中遇到了困难，碰巧我昨天又去那家店买东西，便替你买了一个，希望你能在这个风城（芝加哥的别称）里保持温暖。"落款是"你的朋友，Geoff"。

这实在是让我受宠若惊。我马上发邮件给他："谢谢你一直记得并替我买了耳罩，这次你应该知道耳罩具体是多少钱了吧。"几分钟后，Geoff 一边喝着咖啡一边踱步走到我身旁，指着那个还未拆封的耳罩:"看,价格标签已经被我撕掉了,这表明它是我送给你的礼物,你不需要回送或者还钱。"

2

Geoff 的举动让我倍感温暖。

我本以为接下来还会和 Geoff 有很多互动,但没想到的是,从第二周开始,我就再也没有收到过 Geoff 的任何邮件和消息了。偶尔在公司遇到,感觉他都行色匆匆,他的工位旁边也总是围绕着其他人。Makhida 是和我同组的一个实习生,她跟我说:"你不能等导师来主动联系你。想当初,我和导师的午餐是我问了好几次她才记得和我一起吃的,他们很忙,你要主动找他们才是。"

原来是这样。于是我准备先给 Geoff 写一封邮件。之前没有过跟导师相处的经验,但我想,这和大学里的导师肯定是不一样的,毕竟辅助新人的职业成长不是他们的主要工作,所以我太强求肯定不合适,得随缘一点,表达出想交流的意愿就好了。一封邮件改改删删好几次,终于发出去了。

无论你发邮件的时间有多晚,高级经理们总是能在三分钟内回复邮件,这一点他们从来没让我失望过。很快,Geoff 的回信就过来了。大意是,感谢我主动找他,最近太忙表示抱歉,之后有机会一定找我吃饭或喝咖啡聊一聊。写得好的邮件总可以在寥寥几句中行云流水地表达出好几层意思,我读了几遍,心满意足地睡觉了。

但令我失望的是，一周过去，又一周过去，Geoff 好像又把这事儿给忘了。实习生们一起吃饭的时候，大家七嘴八舌地帮我分析。

"你不能只是说你想交流，你得说出具体的问题，上次我说我加班压力太大，我的导师第二天就找我了。"

"我觉得没有问题就不要硬说问题，单纯只是想多交流、聊聊天，就直接这样说是最好的，比较真诚。"

"我觉得 Geoff 可能是忘了，你应该发邮件再提醒他一下。"

"我觉得 Geoff 不会忘，以他的细心能够记住每一件事情的人。没有找你就是因为忙，最好不要催。"

"其实见导师都是看运气的，我连我导师的面还没见过呢。"

尽管大家你一言我一语，给不出什么实质性的建议，我却尤其喜欢这种讨论的氛围。至少这充分说明了，我们都希望在有限的实习期里面，尽可能地增强各种体验，学到东西。

我自己琢磨了一下，决定以"刷脸"的方式间接提醒 Geoff，可能他看到我就想起来了。我特意在 Geoff 的工位旁边溜达，跟在他后面接水。Geoff 也就是礼貌性地笑一笑，问问我最近怎么样，一般就三句话，不能再多了。

最后多亏了 Kimberly 提点我："没有导师是不愿意给你们帮助的，只是他们真的太忙了，哪怕抽出二三十分钟的完整时间都很难。你只能抓住一切零碎的时间，比如在等电梯的间隙或是陪他一起去买咖啡的时候，去沟通、去问问题。像你在接水的时候，Geoff 已经在问你的工作情况了，你就应该抓住机会。"

这是我在美国实习的最大收获之一，不论是导师还是想要争取的客户，不要太期待他们能安排出整块时间。学会"见缝插针"地交流很重要。比如在会议上遇到了想结识的人，如果只是问对方之后什么时间方便聊一聊，一般不会得到直接的答复。还不如在走出会议室的那三十秒即刻聊起来，或者在对方的车还没到的时候陪着等一等，其实每一个人都有未曾被他人捕捉到的"闲置的零碎时间"，这就是机会。

❸

知道要怎么去聊了，接下来就是要弄明白，究竟应该和导师聊什么。其实我倒没有什么特别要问的，不管是专业的、职业的还是公司的，只是希望以"问题"为口子，让导师跟我多分享一些东西。

既然是在非正式的场合进行零零碎碎的聊天，问的问题就一定要"短、平、快"。宽泛的职业规划和行业理解都不会是这种场景下的好问题，要更具体一些，要可以被回答，要让对方觉得他的回答真的能够帮助到你。

"Geoff，我写邮件的时候语气就会变得很硬，读起来总感觉有点不礼貌。"

"多留心别人的邮件，分门别类总结一下，比如感谢的、道歉的、寻求帮助的，整理好存在文件夹里。这样自己写的时候，就会很方便去借鉴一些相应的表达。"

"我觉得您的邮件就写得特别好,我都反复看!"

"哈哈哈,谢谢。下次我遇到写得好的邮件,方便的话,我就转发给你。"

"Geoff,我看到您下周要在公司给客户做培训讲座。虽然不面向我们,但您能把我捎进去吗?"

"可以啊,没问题。你到时候坐在最后一排就行。"

"需要我帮忙吗?比如搬椅子什么的。"

"要不你在签到处帮忙吧,我等会儿跟负责的 HR 说一声。"

"太好了,谢谢您!"

我的经验是,自己有什么需求就大大方方地说,很可能自己纠结老半天的事情,对导师来说就是一句话的小事。当然了,得到帮助就一定要表示感谢,多说几次也没关系,礼多人不怪。

后来忙季到了,大家都忙得晕头转向,我也就很少去打扰导师了。有一回为了赶项目,我早上 8 点就到了办公楼,正巧遇上 Geoff 在一楼买咖啡。

"您今天也这么早就来了?"

Geoff 悠悠地回了一句:"我每天都这么早。我是一个'晨型人(morning person)'。"

搞了半天还没有摸透导师的工作习惯,算是我的失误。"这样吧,以后每天早上我帮您买咖啡,有了这个任务,我也向您学习成为一个'晨型人'!"

Geoff 赶忙摆手:"不用不用,年轻人还是要多睡觉。"

"您一定要让我帮这个忙,之前您照顾我那么多次,一直不知道怎么感谢来着。"

"不用这么客气,你好好工作就是。"

我知道绅士如 Geoff,当然不会答应。但我好歹得表达这份心意。

令我开心的是,突然有一次,Geoff 发消息给我说:"Since,如果你现在有空的话,可以帮忙买十杯咖啡到最南边的大会议室吗?"

Geoff 主动"差遣"我,我自然高兴不已,因为这意味着他开始把我当自己人看了。

我别的优势没有,跑腿那叫一个机灵,那叫一个快。十来分钟后,我就拎着十杯分别打包好的咖啡稳稳地站在会议室门口。

Geoff 事后发信息问我:"你怎么能动作这么快?"

我回道:"所以下次买咖啡,一定要首选我。"

事实证明,Geoff 之前都是在跟我客气。一来二去熟络起来以后,他找我帮小忙的次数越来越多。对于 Geoff 这种级别的人来说,时间就是最宝贵的。实习生完全可以用自己相对空闲的时间,去帮老板处理各种琐事,比如买沙拉、取邮件、订机票等。哪怕级别如此悬殊,实习生也可以成为一个对老板本人有价值的人。只有这样,**导师制文化**才能真实地发生。

Geoff 后来推荐了一些非常好的项目给我，我还有机会去纽约出差了一趟。其他实习生都说，属我运气最好，遇上了一个好导师。我当然也感谢 Geoff，感谢运气，但我心里明白，这里头有很多我主观能动的部分是别人不曾看到的。

故事的尾声连我自己都没想到。一次闲聊中知道 Geoff 是英国华威大学商学院毕业的，当时正逢申请季，Geoff 以我导师的身份帮我写了一封推荐信，每一句话都是他亲自写的。他写道：

"Since 是一个很懂得主动的女生。她一定能够充分利用资源，抓住所有的机会。"

美剧给我带来了什么？

我从初中起开始看美剧，保持平均每两三个月一部的速度至今已有十余年。很多经典剧集翻来覆去地看了很多遍，比如《新闻编辑室》（*The Newsroom*）、《欲望都市》（*Sex and the City*）、《纸牌屋》（*House of Cards*）和近几年我最喜欢的《亿万》（*Billions*）。我觉得美剧帮助我完成了"如何讲好一个故事"的启蒙教育。尤其是第一季的第一集，人物如何出场，穿什么样的衣服，说什么样的话，用什么场景奠定全剧的基调，怎样能既吸引你看下去但又留下足够多的伏笔。这里面可以拆开了揉碎了看的门道实在是太多了。

我的朋友告诉我："看电影要追导演，看美剧要追编剧。"美剧大概领先于国产剧十年教会了我人性的复杂。没有绝对的好人，也没有绝对的坏人。你爱一个角色的纯良，就要接受他的怯懦；一个角色的杀伐果决和心狠手辣之间常常只有一线之隔。只有当你懂得了这一点，甚至开始享受这一点，对于"人"这种复杂生物的审美才算入了门。另外，美剧的剧情很紧凑，信息量巨大，这使我日后在进行信息输入的时候，脑子就会生理性地转得很快。

当然，我在这一篇里要聊的是，多年的美剧积累如何帮助我更好地度过了在芝加哥的实习生活。

首先是语言。美式英语自带一种外放和渲染的气场，老美们讲话的时候常常带有很夸张的表情和手势，这是一门非常自信、非常有表现力的语言。而是否能地道地掌握一门外语，绝不仅是能否精准地遣词造句那么简单，它更关乎一种感觉。一个只听英语考试听力音频的人，无法对英语拥有真正的感受力。语言是人与人交流的工具，它有非常人性的一部分，它是有灵魂的。

我们从小学就开始学英文，学习方法是在课堂上背单词，背一些日常的英文对话，老师也会让我们上台进行一些简单的角色扮演，这样的外语教育方式已经算是很不错的了。但我真正对英语开了窍，开始体会到它作为一门语言的美感，是在初一暑假。那时，我每天都在看一部叫《生活大爆炸》（*The Big Bang Theory*）的美剧，我发现自己在洗澡或散步的时候，会情不自禁地模仿 Sheldon 说话。不是简单的台词重复，而是在揣摩每一个细微的语气语调。一旦我觉得自己模仿得很像，我就会忍不住把这句话重复讲二十遍。后来看《绯闻女孩》（*Gossip Girl*），有了自己更喜欢的角色和更能链接到自己生活的剧情，我便更着迷了。我特别记得那个时候我一边对着镜子吹头发，一边在表演 Serena 和她男朋友分手时的桥段。大段大段的台词我都能记住，动情时眼里还能泛起泪光。

多年之后我听别人说，有一点表演型人格的人，往往能更快抓住一门外语的精髓。

脑子里积累起的角色状态，相当于一种"感觉"的储存。等遇到相应的场景时，便把这种给"感觉"调动出来。这样才能让语言富有灵性和生命力，你才能够真正地驾驭好它。

第二，美剧有相当多的题材都是职场剧。《波士顿法律》（Boston Legal）是我最爱的律政剧，《广告狂人》（Mad Men）是展现广告创意行业的经典之作，《新闻编辑室》是传媒，《亿万》的故事背景发生在一家对冲基金公司。这里头老板与员工的关系、甲方与乙方的关系，以及错综复杂的办公室政治，虽然会有戏剧化的成分，但总体来说非常接近现实。

当我要帮老板们买咖啡的时候，我就幻想自己是《金装律师》（Suits）中的金牌助理 Donna，思考如何在完成固有之事之外再多做几分，如何让买咖啡这件小事都能更有职业化的技术含量——公司附近有几家咖啡店，其中哪些能送外卖，哪些和公司有优惠合作。记住每一位老板偏爱的口味是什么，只要帮其买过一次，就无需重复第二次。

当和同组的实习生发生意见冲突时，我在想，如果我是《傲骨贤妻》（The Good Wife）中的 Alicia，我应该怎么处理。她多次面临窘迫、难堪、剑拔弩张的场景，但几乎每一次都用她的冷静与专业化干戈为玉帛。

当我需要强硬时，我会幻想自己是《纸牌屋》里的 Claire，用词要干脆，语气要笃定；而在社交聚会中需要稍稍左右逢源一些，我会想到《欲望都市》中的 Samantha，这是一只富有人际感染力的孔雀。

不得不说，美剧塑造了非常多优秀的职场角色。虽然现在想来，这种"角色附体"的方式还是挺孩童气的，但对那个阶段的我却大有裨益。人在拥有自己的处事风格之前，首先要学会模仿。

第三，美剧作为一种喜闻乐见的大众娱乐文化，是非常好的谈话语料。尤其是双方还不够熟悉的时候，可以以美剧为载体，谈论喜欢的角色、故事情节和演员演技来加深对彼此的了解。不过想要做到这一点，是不是有观点很重要。我在前面提到的 Makhida 就非常厉害，我甚至觉得她的水平不亚于一个剧评家。她对剧情和角色总有自己非常独到的观点，尤其善于发现每一部剧当中的隐线和细节处理。吃饭的时候聊起这些，她似乎浑身上下都在闪闪发光。

最后，最重要的是，美剧在潜移默化间让我对美国文化里人和人的相处有了基本的理解。

比如，他们喜欢以非常直接、夸大的方式来夸奖彼此，是不是客观不重要，是否让身边的人感觉良好才是头等大事。你可以夸对方的丝巾好看，气色好，声音好听等，总之没有什么是不能用来夸赞的。无论被夸的这件事情有多不值一提，夸人的语气都可以无比夸张，这些在美国文化里不会有丝毫违和感。比如，超市的收银员会在我翻零钱的间隙夸我的钱包好看，带着眼珠子都快瞪出来的惊讶表情，等红绿灯时后面的行人也会特意冲上前来拍拍我的肩膀说："嘿，你的背包真不错。"

我很快就把"无时无刻不夸人"且"夸人不重样"这件事学会了。在茶水间等同事接水的时候，夸一夸对方的美甲；朋友给你带的三明治很好吃，可以特意走到他桌子旁边告诉他："嘿，你给我带的这款三明治的口味我很喜欢，谢谢你。"

而且我发现，比起被动地被夸奖，主动去夸赞别人其实更能增强一个人的自信。

另外，西方文化中有一条非常好的美德就是"不轻易评判"。美剧展现的价值观非常多元，无论是事业、感情还是婚姻，都是如人饮水，冷暖自知，适合自己的才是最好的。同事们平日里交谈的话题会更偏向于爱好和生活，而不是人生选择。无论关系多亲密，大家最多都只是给建议，不会评头论足，更不会代替决定。无论对方的选择让你觉得有多荒唐和不可理解，都要以一种淡定包容的方式去倾听。在这种氛围里，任何人都会更有底气去表达、去拒绝、去成为自己。

总的来说，这么多年的美剧积累似乎早就为我模拟了一番异乡的风土人情。当我第一次走进芝加哥的酒吧，那种活跃、生机与释放，男人女人都在肆意地聊天与示爱，没有人关心明天，大家只关心如何不浪费今晚。我对那一切竟然觉得如此熟悉。

我想，我是在剧中来过。

延伸篇：自信是跨文化交流的通行证

对于即将要出国学习工作的人，他们的内心都有一种非常强烈的渴望或担忧——"我究竟要怎样才能融入当地人的圈子？"化学里讲，相似相溶，结构极性相似的物质才能彼此溶解，高度互融。我们预判了人对于异物和外来者的不接纳，也不断暗示着自己"人在一方生活，必须寻找归属与认同感"的理念。学习和工作本身能有多成功都不算真正的成功，完全融入，才是判定能否在异国他乡立足的基准线。

在国内应试教育体制下成长的小孩儿，有一种植根在骨子里的勤奋和韧劲。对于任何必须做的事情，我们善于找到一套方法论，然后严格地执行。似乎只要按部就班，就能达成目标。

我当时的思路是，和他们说一样的话，做他们爱做的事。刷美剧提升英文还远远不够，要模仿他们讲话的语调、表情和状态，要更夸张、更外放，多用"no offense（无意冒犯）"等类似口头禅。我每天看得最多的不是工作往来的邮件或报告，而是实习生的手机群聊。我努力地理解他们说的每一个梗，试图学习他们开玩笑的方式。有时候，大家聊到那些我并不熟悉的美术馆或高级餐厅，我会默默记下来，在对话结束时立即去谷歌搜索，如果凭记忆中的发音搜不出来，也不会问，我会把所有类似的读音全都搜索一遍，直到找到为止。比起是否在工作中得到夸奖，我更在意他们会不会邀请我参加周末的派对,比起是否获得"最佳实习生"的称号,更令我有成就感的是最后同事们为我举办了一场小型的欢送会。

在美国实习完后的很长一段时间,我觉得自己的表现是非常棒的。独立、勇敢、自信,我展示了我可以展示的一切。当时自然是无法意识到,我的很多行为方式,其实都流露出一种我身上本来压根不具有的"讨好型人格"。

那个时候我对自信的理解是,你能不能大大方方跟每一个人说话,主动一些,不要畏畏缩缩。而后的好几年,我经历了留学、求职、回国、转行、失恋、创业再转行等起起落落的事,在高低点间被甩来甩去的人生体验让我找到了真正的平衡与自信,也才得以理解当年那个二十出头的女孩只是在"**表演自信**"而已。她是要强的、敏感的、孤独的、脆弱的。想到这儿,我很想抱一抱她。

如果可以重来一次,我特别想以现在的身份,写一封信给当年的自己。我当然知道没有以往的经历,哪来现在的感悟。但我每每翻看从前的日记,想起曾经的摸索与挣扎,都会产生一种特别母性的、像看自己孩子一样的感觉。她理解也好不理解也罢,我只想把我想告诉她的事,统统告诉她。

融入从来不是一件必要的事

我很了解你,你是不害怕独处的,你从来不需要和其他女生结伴一起上厕所,你觉得像一阵风一样独来独往是最酷的,你甚至一直都试图和人群保持微妙的距离。但不管你承不承认,你害怕孤独,很怕。你享受被关注，渴望被认可，你受不了没有存在感的感觉，让你当"小透明"，可能你会疯了吧。

我想，你试图去融入的出发点，从来不是怕周五晚上没事做，周末太无聊无人陪伴，这些你都没问题的，你一个人可以在房间里玩出一大堆花样。你担心的是，他们只跟你说话，却不跟你交流。每个人都热情地和你打招呼，但没有人真正在意你是谁。努力提升语言和工作能力可以消除有形的沟壑，但敏感如你，无形的沟壑才最让你难受。

所以，你必须证明你开朗、健谈、有意思，不是你身上本来就具备的那一种，你想模仿那种像西方小孩似的开朗、健谈、有意思。第一周的时候有人跟你说："看你的性格我还以为你高中就来美国了呢！"为了这句评价，你高兴了许久。

真的已经做得非常棒了！但我还是想跟你说，现在的你，已经有了很强的独处和适应能力，唯独不会的，是享受真正的孤独。适应与快速学习能力虽好，但将来你就会知道，一定会有失手的时候，一定会有你怎么努力都进不去的局面。真正可以给你万无一失的安全感的是，无论把你抛在哪里，无论外界对你的态度如何，你都可以只依靠自己与自己的交流然后继续前行的能力。

其实，能畅通无阻地沟通工作问题就完全足够了，你不一定要和他们有真正的交流。如果他们只是自顾自地说话，聊他们感兴趣的话题，不问你的意见，没关系啊，你听着就是了，你就好好摄取他们的信息和观点。如果你觉得他们的笑话不好笑，还可以内心默默吐槽一句。有关自己的喜悦、纠结、紧张等情绪，学习自我消化，完全无需借助外力。你从小就有写日记的习惯，也常在洗澡时自言自语，你早已自带各种情绪出口，只是之前没有意识到罢了。

没有人在意你是谁——也不是一件那么重要的事。我不想跟你灌输鸡汤说，只要你够努力够优秀，就一定会被看见。不是的，事实上，实习生对公司真的不重要，做实习生就要有做一盘菜的自觉。

自命不凡固然给过你很多成长的动力，但一个人的优点，往往也是他最大的弱点，或者说，是最容易被反噬的部分。你应该克服掉这些。学会在该做"小透明"的时候舒适地做"小透明"，我希望你尽早完成这门必修课，不要让这些问题在你将来人生中更关键的时候成为你的瓶颈。

说回实习本身，你这次最重要的不是去证明自己有多能干（本身的发挥空间也不大），在你的人生坐标里，这次经历的意义在于，有一段在陌生的文化和环境里独自去应对的空灵时光，这才是最珍贵的。

我建议，你应该把这次赴美实习的首要目标定为，如何最大程度地了解、挖掘和突破自己。你能不能索性借用这次机会磨炼一把抗衡孤独的能力？我想，这比你做了多少个项目、交了多少个外国朋友重要得多。

如此想来，融入不融入的，其实就不是一件那么关键的事了。也许你心里还是有一些小顾虑，如果不和大家真的打成一片，是不是证明我自己能力不行？相信我，勤快地做好分内事，做好实习生这个职位应该做的事就可以了。至于融入与否，除了你自己之外，其他人不会很关注的。

找到自我时才算找到自信

你外显的个性特征是热情而富有能量的，再加上较强的演讲水平，很容易给人呈现出一种"自信"的感觉。身边的人都这么评价，你自然也就这么觉得了。

在美国参加聚会时，越到后来你越得心应手，你有了自己熟悉的朋友和同事，在那种氛围下也愈发游刃有余。但每次回家后，你都觉得酒水和甜点让你的胃不舒服，那些音乐你也不大喜欢。第二天早上醒来，你在想，喝完跳完之后，你们因此而成为了更信任彼此的工作伙伴了吗？还是成为了无话不谈的朋友？好像都没有。除了前一个晚上真的消散掉你很多能量之外，似乎没有其他收获。你隐隐地觉得哪里不对劲，却在下一次聚会到来的时候从不拒绝。倒不是碍于情面不好意思说 NO，而是你压根就觉得，你自己这种不舒适的感觉不值得被重视。

欧美女生的脸很立体，特别适合化大浓妆，你那个时候还不怎么化妆，你们一起去逛街买化妆品，她们给你试了一种特别重的眼妆。你不是很喜欢那款睫毛膏，但你买下了。后来和大家一起开开心心地去吃了冰激凌。

那些状态下的你是勇敢的、主动的，但其实也是拧巴的。不自知地去迎合，是因为你没有找到"自我"在这个环境中的轮廓与落脚点。自信是一种无条件地相信和珍视自己感觉的能力。自信的状态下一定会有一种由内而外的舒展，如果你觉得不舒适，不用怀疑，肯定是哪里出了问题。

但这一切都是值得的，因为只有在与外界碰撞和经历文化冲突的过程中，你才能意识到，你究竟是否具备找到自己位置的能力。而一个人在找到真正的自我之前，不可能拥有真正的自信。

一方面呢，你还是要勇敢地和外界碰撞，收集足够多的体验，但更重要的是，在独处的时候，把这些体验全都细致无比地沉淀下来，一丝一毫都不要放过，这当然需要耗费时间和精力。你尤其要注意那些让你觉得不够舒服的人和事。人们总会说，不痛快的事不要过多纠结。是的，不要停留在事情本身去纠结，但是你"不痛快"的内心感受是值得被重视的，因为即使是那些一闪而过的不舒适，往往都有着更深层的心理原因。只有通过这些外显症状一步一步深究下去，你才能看到灵魂本来的样子。浮于表面的见招拆招终究是被动而疲惫的，只有通过控制灵魂本源的力量，才可以真正强大。

在一次一次"体验——感受——反思——再体验"的循环中，有一天你会敢于承认很多聚会是无聊而没有必要的，不仅对你没必要，你甚至觉得对他们也没必要。你相信人性相通，人通过"心流"才能获得真正的愉悦。所以西方人自己就真的很享受这种泛而浅的社交吗？不一定。

有一天，你意识到，东方女生美在皮肤质感，适宜化淡妆，无需用太多阴影故意把轮廓勾勒得深邃。她们说："眉毛这样画好看。"

你笑一笑："是，感觉很不一样！但我觉得不太适合我的风格。"你的喜好，你的偏爱，你的接纳与拒绝，都变得清晰而铿锵有力。

不刻意融入时最融入

最为神奇的是，当你的"自我"被勾勒出来了，你会拥有一种莫名其妙的吸附力与魅力，是这种自我的力量，才让你身边开始有人想真的了解你是谁，在意你是谁。

想来，是不是有点无心插柳柳成荫的意思呢？

我想，最开始你关于"相似相溶"的认识就是不够全面的。人性是矛盾多面的，一方面觉得想和跟自己像的人做朋友，更容易聊到一块儿玩到一块儿，另一方面，其实人从来都容易被差异化的特质吸引。表层的相似可以让你更快获得每一场社交的准入门槛，但你不同于别人的地方，才构成了你的社交价值。

虽说每一个灵魂都是独一无二的，但能真的理解自己灵魂的人太少了。如果你想成为一个跨文化交流的社交高手，有且只有一种办法，就是比绝大多数人都更深刻地理解你自己，久而久之，你的言谈举止，你的立场观点，会散发出一种与众不同的气场，而这种气场，可以吸引别人来与你交流。

"不刻意融入"的被动，才是一种真正的主动。去模仿、去适应、去有意靠近的主动，事实上是一种被动。

你面对的环境和人，是多变的、不确定的，今天是在美国，明天在欧洲，后天去了日本呢？你怎么可能做到去一个地方就修炼出一种与之契合的相似性？所以，只有"自我"这张牌是通吃的。

当然，你能不能成功做到跨文化交流，我其实并不关心，这是结果，不是目的。我从来都是希望你真的自我，真的自信，真的能在孤独中变得更强大、更幸福，其他都是副产品罢了。

每个人都值得过上更自信的一生。我永远爱你。

——来自五年后的自己

第二章
留学英格兰｜商科学子的自我修养

不论是知识摄取还是人格塑造，
只有博采众长，才能相互印证，
只有无边界地向可抵达处延展，
才能融会贯通。

那位坐在第一排的印度男生

❶

开学是一件异常朝气蓬勃的事情。入学的新生们互相询问彼此的姓名和专业，遇着有眼缘的便三五成群一起去注册校园卡和银行卡，社团招新的学长学姐使出浑身解数吸引新生的目光。办理完所有手续后，我穿过人群来到学校的一家餐厅，点了一杯柠檬水、一份薯条，坐在靠窗的位置。内心虽充满了好奇，却又故作镇定，显得很熟悉一般。周围很嘈杂，却是一种富有生机的嘈杂。

正是在那天，我第一次见到了 Sanjay。

他坐在我对面，印了一大堆密密麻麻的表格在圈圈画画。我当时其实想和他聊两句，开学时通常大家的搭讪兴致都会很高，但他一直没有抬头。刚开学难道就在做功课啦？不会吧。我看到他用的是铅笔。怎么这年头还有人用铅笔呢？真不明白。

早在去英国留学之前我就想好，一定要最大程度利用教育资源。所以除了本专业的课之外，我还像陀螺一样辗转于商学院的各个教室。我走的是自由随性的风格，有的时候朝教室里头瞥一眼，看到教授在讲台上踱着步很激昂，就走进去了，原来是"金融伦理学"；有的时候我听到课室里频频传出笑声，便从后门进去，虽然无法一下子同步到氛围里，但远远看着也觉得有意思。我好像是在一个电影院里拿了一张通场票,可以随时走进任意一个放映厅,由于没有事前攻略,反而常常遇到惊喜。

有一次是关于"税的原理"的一堂课。幻灯片上只有一句话:"比例税率和累进税率,哪一个更公平?"就这一个话题,老师用了整整半个上午让同学们自由发言。最开始还只是在就税论税,随着观点被一个一个摆出来,逐渐就延伸到了社会、大众心理和哲学层面。最后一位发言的男生是从边沁经典的功利主义理论去解读的,不夸张地说,几乎给人一种振聋发聩的感觉。老师很儒雅,不打断发言,一直在笑眯眯地引导所有人。我坐在最后一排,聚精会神地听大家讨论,像在观看一场频频让人分泌肾上腺素的体育赛事。

近年总在新闻上看到一些讨论说AI(人工智能)将如何冲击教育,在未来,大家只需要抱着一个小屏幕,就可以旁听到所有高校的课程。但真正的课堂从不只关乎信息的传递,更是人和人的交互,你看到传授者的眼里有光,你看到优秀的同龄人如何整理他们的思路、构建他们的表达,你被实打实地刺激了、感染了,这种说不清道不明的东西才是教育的本质。

就在整场讨论快要结束时,第一排又举起来一只高高的手。好家伙,这堂课真是把所有人的表达欲都激活了,停都停不下来。

"老师,我可以最后说几句话吗?很快。"

老师笑眯眯地做了一个"有请"的手势。

这位男生跟其他人都不一样,他直接三步并作两步跑到讲台上,对着麦克风说:"我觉得这节课大家讨论得太好了,我很激动。

我刚刚记录了所有同学的发言，今晚会整理出来，如果有人想要这份笔记，或者谁还有什么补充观点刚刚没来得及说，都欢迎发邮件给我，我一定会把汇总版分享给大家。"说完他转身唰唰在黑板上写下了邮箱。

我定睛一看，这个人，正是我开学时在餐厅碰到的 Sanjay。

有一件很玄学的事情，当你刚认识或记住一个人的时候，你会很频繁地偶遇他。

那段时间我总是见到 Sanjay。他背着一个黑色双肩包，走路速度大概是旁边人的 1.5 倍，他的眼珠又大又圆，目光炯炯。

我确认了一件事——Sanjay 肯定是和我一样到处在蹭课听，因为我在不同专业的课堂上都见到过他。蹭课时我一般会坐在教室最后一排，而 Sanjay，永远坐在第一排的正中央，坐得笔挺。不仅如此，他几乎每节课下课都会去问问题，要"纠缠"老师好一会儿。勤奋积极的学生不少见，但 Sanjay 总给我一种和别人都不一样的感觉，比如他上课时似乎总在不停地写写画画，比如他总是独来独往，我从没看到他跟别人结伴而行过。

我并没有想去主动认识 Sanjay，因为我觉得他好像不太喜欢和别人交流，上课似乎是他唯一感兴趣的事。但我想观察观察他。在一次上课时，我特意坐在了第一排，就坐在 Sanjay 旁边。还真别说，第一排由于只能看到老师，其他的都看不到，目光范围特别聚焦，所以即使是上百人的大课都觉得是在上小课。

我一直用余光关注着 Sanjay，没看错的话，他几乎整节课都在记笔记，而且是用"笔"在记，不是用电脑。我就纳了闷儿了，每堂课的提纲和 PPT 老师都会给到我们的，哪有那么多可记的？

课间的时候我实在忍不住了，直接问 Sanjay 可不可以借他的笔记给我看看。Sanjay 非常大方，二话没说把他的大本子递给我，看到时我傻眼了——这哪是什么严格意义上的笔记啊，这几乎是在记老师上课的逐字稿，密密麻麻，有些潦草，有很多符号和一些大概只有他自己才能看明白的简写。

我指了指其中的一个地方："这些内容 PPT 上有原话呀，PPT 之后老师会给我们的。"

他笑笑说："我知道的，但这样写一遍我更记得住一些。"

我突然想起自己中学时也喜欢大量动笔来学习，后来渐渐地就不这么做了。我和绝大多数人一样，把苹果电脑架在面前，边听课，边用电脑滑滑 PPT，时不时上网搜索些不会的词，一不小心就在别的网页上停留了很久。我隐隐约约感到了一些问题，但我觉得这种学习的感觉好像很洋气、很商务，所以便再也不想用回那种笨笨的、一笔一画的学习方式了，太不带感。

我跟 Sanjay 说起开学第一天在餐厅遇到他的事，当时看到他也埋头在桌子上不知在写什么。

"哦，是我的新学期计划。喏，就在你手上的本子的最后几页。"

我翻开，果不其然，Sanjay 有一个属于他自己的课表——哪些是他本专业的课，哪些是他要蹭的课，甚至还有 MBA 的课，他都用了不同的符号标记好。而每天晚上，都是 Sanjay 的"图书馆时间"，从晚上 7 点直到图书馆闭馆。

勤奋这件事，就是有一种非常朴素的感染力。当你看到身边有人每一天都很扎实、很努力，你会觉得很美好，于是你也想更努力些，就是这么简单。

那段时间，我听了很多"无用"的课，看了很多"无用"的书。每天待到图书馆闭馆才走的人总是那么些，大家每天都前后脚走出大楼，所以对彼此都很眼熟。其中，当然有 Sanjay。

我跟 Sanjay 始终算不上太熟，偶尔用眼神打个招呼，有时看到对方从图书馆借了一大摞书，便好奇去翻翻是些什么书。我一直没跟 Sanjay 说的是，我会经常去查查他手中的那些书，甚至会随着他的书单去读。不得不说，Sanjay 的选书品位极好。这都是丰富的阅读量锤炼出来的。

那段时间我很努力，是一种毫无目的的努力，非常纯粹。我也是从那个时候才正式开始读哈耶克、弗里德曼、蒙代尔等一票经济学大神的作品，虽常有看不懂的地方，但也还是看得很开心，只求"读"，不求"得"。

❸

不过这样的日子并没有持续太长。

商科学生的规划意识很强,好像总能比别人先一步预见到,我们终将是要走出校门的,提前打算好之后的事才是重中之重。时间越往后走,越少有人聚在一起去讨论一本殿堂级的学术巨著,"比例税率和累进税率哪个更公平"这样的辩论更不可能自发出现在同学们的日常。你时常听到的是,哪家大公司的面试开始了,今晚又有一场怎样的招聘会,能不能一起练习面试,能不能互相帮忙改改简历。类似《Case in Point》这种能够迅速提升案例分析水平的技巧类书籍像葵花宝典一样流传在大家手中。大家不再羡慕那些专业功底强的同学,甚至对成绩和分数也并不是那么在意了,率先能拿到顶级公司offer(录用信)的人成了众星捧月的大神。

当时的我其实并没想好,到底要留在哪里工作或者要进哪个行业。但正如"勤奋"具有感染力一样,"焦虑"有着更强势的感染力,尤其在自我认知尚未坚定的时候,你没有办法不踏入这种同质的竞争,你无法忽视这种莫名其妙的同龄人压力,虽然不知道未来要去往哪里,但先随大流,先不要输,否则会心慌。

就这样,我一脚踏入了"为毕业后谋出路"的大军。别说再像开学那样到处蹭课了,就连本专业的课,我都要时常找同学帮忙签到,然后自己偷偷跑去伦敦面试。后来我非常幸运地找着了实习,待在校园里的时间也少了很多,更没有心情在商学院的楼里逛来逛去。朋友打趣我："看你忙忙碌碌的，真是神龙见首不见尾啊。"从某个阶段开始，我即使是上课，也是一边听老师讲，一边总想回点邮件，好像任何一个时间段不同时做两件事就是对时间的亵渎，好像全天下就我最忙。对于教室的第一排坐着谁，谁又在课堂上有了精彩的发言，我都不再关心了。自然而然，Sanjay 这个人也就淡出了我的视野。

商科专业的核心方法论就是一个——计算，如何利用杠杆获得成倍收益，如何量化风险，如何给商誉或初创公司等价值模糊体进行估值，营销活动也得谈转化率。凡有所学，皆成性格。计算和衡量不仅是一种专业技能，它成为了一种下意识的思考方式——什么排在战略优先级，什么能在最短的时间内带来最有效的结果。与其花时间去看那些看了也白看的大块头书籍，还不如多做几套笔试题呢。

那段时间我依然努力，是一种非常精打细算的努力。我收获了些什么呢——更强的时间规划意识，对信息的搜集，对资源的敏锐，以及执行力。都是好事儿。只有一条，不论我怎么努力，依然会患得患失。后来我明白，这不是心态问题，当目标过于清晰和短期，你又把所有时间精力押注在这件事情上时，你无法对结果不在意，无法对任何的失去不耿耿于怀。你只能成为"结果"的奴隶，只能死死攥着手机，等着面试通过或没通过的信息。

"自由"而"无用"的灵魂，我以前以为这两个词是并列关系，不承想其实是因果关系。因为"无用"，才能"自由"。

❹

后来，我很快就毕业了。

毕业典礼那天，我路过图书馆，想起后来去图书馆都是为考试冲刺，只是把图书馆当自习室用，我便心有不甘，去里面待了一会儿。图书馆的某一层收藏着 20 世纪八九十年代英国最主流的财经期刊和报纸，我知道回国之后很难再有地方读到这些珍贵的资料了。我想坐下来看一会儿，却看不进一个字，毕业典礼嘛，整个学校都太嘈杂了，是一种让人有些心烦意乱的嘈杂。

朋友在等我去拍集体照，我在图书馆待了一会儿就离开了。临走时，我起身看了看靠窗的位子，中间的位子，所有的位子，我似乎想试图找寻一下 Sanjay 的身影。

但我没有看到他。

中英商务谈判大赛教会我的博弈思维

❶

商学院有着非常浓厚的竞赛氛围，从创业类、案例类比赛到商业分析类，接二连三贯穿一整个学期。我清楚记得有一个下午，刚有一些春天的迹象，太阳特别好，在学校艺术中心旁边的一个草坪上，商学院的学生聚在一起讨论案例，满嘴模型啊，回报周期啊，收益率啊。旁边大概是一群文学社的社员，他们聚在一起读诗。商业案例的头脑风暴过程总是伴随着争吵，讨论讨论着，有人就手舞足蹈起来。商科学生就是这样，总有一种莫名其妙的"侵占"气场。突然地，读诗的那边开始齐声朗读，带有一点点反击的味道，戏剧感十足。

我有一位很要好的朋友，整个大学时代都奉献给了戏剧社，毕业拍了一部微电影，在网上获得了不错的点击量。我当时跟他描述这个画面，他说："春天可不就应该读诗吗？你说你们商科学生是不是煞风景？"

这种互相看不上的感觉我觉得挺可爱的，甚至觉得是一个大学最为生动的地方。

❷

知道"中英商务谈判大赛"在校内的选拔信息时,我已经在实习了,课业强度也逐渐大了起来。但够新鲜的比赛对我而言是"换脑子"的调节事项,并不是额外负担。

模拟商谈,包括前期准备和场上交涉两个环节,在比赛前一周根据案例提交预案,预案内容包括己方的谈判人员角色(主谈、市场、法务、技术专家等)、主要的谈判目标,以及预期要坚守的谈判底线(比如可接受的最低的成交价格和预期最大的让步范围等)。双方的预案只是提交给评委,互相并不知晓。所以在前期需要充分了解甲乙双方的优劣势,全面考虑赛场中对方有可能提出的条款、进攻点和让步点。与案例相关的行业形势、法律政策、财务数据要做到无死角的准备。到了场上交涉环节,双方都应以维护本公司利益为核心,利用收集到的各方面的材料与对方公司代表进行实时谈判,综合灵活应用各种各样的谈判技巧应对对方公司代表所提出的一系列条款。最终在财务(价格或赔偿款项)、合作期限等方面达成共识,或谈崩。

影视剧里看过不少谈判场景,双方代表正襟危坐,表情严肃,台面上可能只是轻轻巧巧的几句话,实则已经暗潮涌动。一旦陷入僵局,如果双方都固守底线不让步,那就免不了要剑拔弩张一番了。

我最初对于商务谈判的理解,就是以商业案例为载体的辩论赛,用语言逻辑和专业知识极力维护己方的合理性,点破对方的不合理性，用最短的时间争取最大的利益。

校内赛的第一场，是关于施工项目延期归责与下一步注资推进的模拟案例，我所在的队伍代表的是资方，我们在前期准备阶段精准找出了施工方的每一个失误点及相关法律背书，并且用三个不同的财务模型核算了我方的损失。在场上交涉环节，基本上成功由我方主导谈判进程，四名队员一唱一和地陈述了所有对我方有利的观点，对方完全处于被动地位。谈判结果虽没有争取到最理想的方案，但在预期范围之内。观赛的同学们说，这是他们所看到的最具有压制性的一场比赛。

然而，比赛结果是，评委给双方的分数都很低（循环赛，每个队伍按每场的得分累加），完全在我的意料之外。评委说："看得出，资方团队的谈判技巧很好，准备也很充分，今天之所以得分不尽如人意，是因为你们预设的理念错了。太重立场之争，没有考虑对方的感受，所以最终只能在互损点上达成共识。谈判不是为了让对方难堪，让对方无路可退。如何实现共赢，如何在共赢的基础上让己方赢得更多，才是谈判的目的。"

戏剧重矛盾冲突，所以我们通过影视作品了解到的谈判，会刻意放大"对峙"的部分。商务礼仪教我们要面带微笑，要真诚握手，并不只是为了礼貌而礼貌。谈判双方在开场时确实应该表现出一种"合作共赢"的希冀，不要太强势，更不要太具有攻击性，如果我在这一个条款上压制了对方，那么我会主动提出另一个利益点给到他。双方均要有让步点才能平衡，才有可能促成一场谈判的成功。

❸

商务谈判比赛最重要的是**沟通节奏**和**博弈思维**。所谓沟通节奏，是别人退一步的时候你不能连退两步，连退两步就说明在这场比赛中输了点数。而博弈思维要求我们要永远站在对方的位置上思考，不断揣测对方的底线——哪些是他们真正坚守的条件，哪些是他们抛出来作为议价的幌子；在起冲突的时候尽快找到双方的一个共同点，也就是谈判中的"聚焦点"来打破僵局。

重利益之争而轻立场之争

商务谈判和辩论最大的不同之处在于，辩论归根结底是立场之争，站稳你的论点比什么都重要，不能出现前后自相矛盾，对对方立场的妥协更是绝对的红线，辩论追求的是绝对的说服力。而商务谈判不一样，重点是在把事情谈成，让自己从中获益，所以完全可以设置一些"烟幕弹"，即故意让对方来推翻自己的立场，获得一种心理上的优越感，比起相互死守立场不退让，这样做有可能更有利于谈判的推进。这也是一种"**曲线进攻**"的谈判方式。

准备好多套谈判方案，明确底线

一般来说，先开口报价的一方会相对被动，如果不得不做先表态方，一定要往高了报，为之后的回旋留足空间。当对方抛出了一个对己方有利而对你方不利的论据时，你需要适度让步，如果一味僵持，反而拖沓了谈判进程，这是一个商务谈判比赛中的典型扣分点。谈判不是战斗，不是要先声夺人然后把对手一压再压，要学会"打一巴掌给颗糖"，哪怕你方一直占上风，也要学会在"非底线"问题上巧妙示弱，给对方以心理快感。

在上谈判桌之前，要事先准备好多套谈判方案，并且非常明确自己的底线。如果对方比较温和，应该在哪几种方案中坚持；如果对方比较强势，准备拿出怎样看似让步空间大，但又没伤害到己方根本利益的方案予以调和。事前构想、准备得越多，在谈判场上就越游刃有余、越灵活。

做一颗柔软的钉子

强势通常只能震慑到心虚的人，却很难震慑到有点料的人。能够坐到谈判桌前，大家都是有备而来，因此，张牙舞爪、剑拔弩张不仅不能起到让对方仓皇退步的威慑作用，反而会招致反感，引起对方本能的敌意，在本可以有探讨空间的地方陷入僵局。如果在商务谈判大赛中出现这样的情况，就是典型的"双输"，双方的得分都会非常低。

所谓做一颗"柔软的钉子"，是指在谈判的语调、气场和外显观感上，应当友好柔和，或者喜怒不形于色，这样反而更有大将之风，更能在潜移默化间钳制对方；但在立场和观点上，要鲜明坚定，每一句话说出来都像钉子一样稳稳地扎在地上，不该退让的地方坚决不退让。

另辟蹊径，寻找伦敦金融城实习

❶

早在去英国之前，我就对金丝雀码头有所耳闻。那里高楼林立，聚集了伦敦最阔气、最新锐的写字楼，是全欧洲的金融中心。汇丰、花旗、摩根大通等赫赫有名的国际银行都坐落于此。哪怕只是看看图片，你都能感受到那股迎面而来的资本主义气息。

在去白金汉宫、"伦敦眼"等传统地标之前，我先迫不及待地去了金丝雀码头，在我心里，这才是我们商科学子真正需要朝圣的地方。为了最大程度地入戏，我和朋友们穿着黑色连衣裙和高跟鞋，佯装成已经是在那里上班的商务人士。金融城最抢眼的绝非建筑，而是那些来来往往的高级白领，个个英气逼人，仿佛全世界都在他们手中。不管怎么说，这种强大的气场太有感染力了，带动着这个场景中的每一个人都更加昂首挺胸，神采奕奕。

伦敦是一个非常复杂的城市，古老的，现代的，文艺的，蓬勃的。但我现在回想起它，最深刻的记忆竟然是我为了找实习，反复坐着英国小火车往返于伦敦和考文垂，高跟鞋和球鞋无缝切换的那段日子。很多次回到学校宿舍时已经深夜，我想先简单休息一下，结果不知不觉就趴在桌上睡了一整晚。你要问我说那时内心的动力来自哪里，工资吗？肯定不是。为了去丰富简历吗？我当时已经有几份相当有含金量的实习了,所以也不是。

不是必需,也无关镀金,纯粹是一种"既然我被那种氛围感染过,就一定要去亲历"的渴望与决心。

在国外找实习最大的不适应,是比起"投简历再面试"的传统方式,大家更习惯通过"networking(关系网)"来求职。校友推荐,导师推荐,熟人朋友推荐,或者在宣讲会上主动结识 HR 后进行一轮一轮的自荐,颇有一种条条道路通罗马,英雄不问出处的味道。我认识的一位希腊同学,他爸爸通过熟人关系,让他和他的女朋友双双几乎免面试进入了一线投行实习。这种故事相当平常,绝不罕见。

我起初对这一套玩法很不理解,如此资源优势导向,是公平的吗?

我找到学校职业发展咨询中心的导师问询(插一句,西方商学院通常配备非常好的求职咨询服务,从简历修改、模拟面试到心理辅导,都有相应的老师负责),她给我倒了一杯水,说:"中国学生很努力哦,你已经不是第一个来找我的人了。""是的,老师。我听说很多实习岗位内推名额就占了绝大多数,对于我们来说,几乎没有任何人脉资源。这是不是一种……间接歧视呢?"我有意用了一个比较重的词,因为我并不是为了来发牢骚或寻求心理鼓励的,我想用这个词刺激老师和我聊得更深入一些,我想真正理解这件事情的逻辑。

好在老师毫不介意，非常耐心："公司效率至上，所以一般来说，公司都只想用最短的时间，招到最合适的人。"

"可他们怎么能确定通过 networking 推荐而来的实习生就是最合适的呢？这也太不严谨了吧？"

"是不是最合适的不要紧。作为一家企业，招人和其他决策一样，看的是投入产出比。如果只通过一轮简单的面试就招到一个相对合适的人，相当于精简掉了筛选海量简历与大规模面试的环节，这对公司来说，就是合理的。"

当时我还似懂非懂，直到几年后创业我也需要招自己的实习生，才真正感同身受老师所说的这些。招人面试是一件极其耗神费力的事情，如果身边有人愿意给我推荐一个资质不错的小朋友，我恨不得分分钟去拥抱感谢他们，因为这为我节省了大量的时间和精力成本。一般来说，推荐者只要开口，推荐的人通常都非常靠谱，因为他也要为自己的信誉负责。

不过，老师紧接着给出的下一个观点，才让我从内心完全认可了 networking 的合理性。

"你将来如果有机会去参加公司竞标就会知道，信息和资源的优势往往才是制胜的关键。做其他生意亦是如此，台面上看得到的只是一方面，而看不见的部分往往起了决定性作用。你觉得不公平，是因为你身处其中，无法以第三视角去看。"

听完这段话之后，我心里的那点小纠结被彻底打通了。作为商科学生就要有商科思维，所谓的关系，其实是一种资源和利益的互换，它就是商业实力的一部分。如此看来，通过 networking 找实习，或许比一板一眼地遵循"投递简历——面试——拿 offer"这样的标准化流程，更高程度地还原了真正的商业世界。

于我而言，一来为找实习，二来为了提前操练如何通过信息与资源优势获得胜利，何乐而不为呢？目的变得双重之后，我的决心更大了。

❸

人脉和资源从来都是一个从无到有的过程，这我倒是不怕。在领英上给校友发邮件想必很多人都做过吧？但我不走海量路线。不会产生化学反应的人完全不值得花力气，对于这些我似乎有一种与生俱来的判断力。

Allen 是我在华威大学的学长，精湛的履历，精英的气质，于公于私我都想结交他。但他在社交媒体上并没有展现太多个人信息，很难有针对性地投其所好，索性走简单直接风算了。我的邮件大致是这么发的：

"Allen 你好，有机会的话可以在你公司楼下约个 Coffee Chat[1]

---

1. Coffee Chat，指刚入职的人借由"一起喝咖啡"这个小事件和同事迅速了解并建立友好关系，今天也用在向前辈或者业内人士在咖啡厅等比较放松和安静的场所讨论、询问（职场上的、专业性较强的）问题时。

吗？不会耽误你很多时间，20分钟就行。我觉得你应该见见我，你会喜欢我的。我的简历在附件。"

二十岁出头的自己有着一股初生牛犊不怕虎的劲儿，现在的我大概做不到这么莽撞而热烈了。幸运的是，隔天我收到了学长的回复，地点不是在他公司楼下，而是在科文特花园的一个餐厅，时间不是20分钟，而是一顿晚餐的时间。事实证明，我们这顿饭足足吃了4个小时。

后来，我忍不住问他："为什么直接就约吃饭了啊，真的太受宠若惊了。"

"其实经常会收到校友的类似邮件，但是人家都很客气的好不好，谁像你？"我暗自微微一笑，心想：人生啊，还是得打差异化战略。

"学长，你该不会是觉得我简历上的照片好看吧？"我开玩笑地问。

"不是啊，简历上的照片都是很标准化的，但我看了你的一些社交平台，觉得这个学妹有点意思。"

那是我第一次意识到，原来社交媒体上的表达真的会成为你个人简历的一部分，甚至是更生动、更有参考价值的一部分。

赴约当天我非常紧张，觉得穿什么都不对，既不能太隆重又不能太随意，既不能太职场又不能不职场，穿了又脱脱了又穿，最终选了一件我驾驭度最高的衣服。我发誓当晚没想特意迟到，但奈何还是要迟到了。眼看着快到约定时间，我正在琢磨一个说法，学长的信息就过来了："约你 7 点半呢，就是希望可以在 8 点见到你，慢慢来，完全不用急。"后来，我参加过很多饭局，如果是我"被迟到"，我都会借用他的这一句话，善解人意中带着一种得体的暧昧。

学长倒也丝毫不含糊，开门见山地说："现在我们组不缺实习生。即使帮你推，也只能推到第一轮面试，而且近期不可能。但我觉得我可以跟你聊一聊具体的一些工作细节，或许对你有帮助。"

学长能抽出时间见我已经是莫大的荣幸，况且社交这件事，心里虽然会有一个大致的目的，但又不能有一个太过具体的目的，与人交互的精彩之处就在这儿，柳暗花明又一村，往往有意外之喜，你不知道具体能聊出什么事，无法预测在什么时候双方能碰撞出火花，目的性太强反而会错失很多机会。抱着这样一种心态，我自然是欢欢喜喜地认真倾听着学长跟我分享的一切。

为了让学长跟我多讲一些，我全程一点都没有放松。我一边听，一边费尽心思地保持住学长的表达欲，比如从他的话锋判断他更想聊哪方面的话题，适时夸奖、表扬，甚至是小小地吹捧一下，聊天嘛，双方开心最重要。

那一天，学长跟我聊了很多，滔滔不绝。他最后说："神奇哦，好像很久没有说过这么多话了。"当时，我暗暗开心，觉得实不实习的已经不重要了，通畅的聊天比任何实际的利益都来得更让人愉悦。

多年之后，我越来越能够理解学长当天的状态。那些中年商人，那些投行精英口若悬河，那么健谈，那么风度翩翩，但高强度的工作让他们丧失了情绪出口。尤其是男性，他们也被某种刻板的

"性别歧视"所伤,男性不被鼓励去表达过多的个人情绪,他们在一起就讨论打球和游戏,不常谈一些很感性化的事。而不谈,究竟是真的不需要,是自以为不需要,还是只能表现得不需要?那一部分特别需要沟通情绪的男性,是不是被不由分说地裹挟其中呢?

当晚回去之后,我把学长跟我聊的有关职业与人生的理念复盘整理了出来,写了好多他当晚的金句。写完之后,读了一遍又一遍,觉得真不错,就忍不住邮件发给了学长。尽管之后和学长并不是常有联系,但在之后的半年多里,我但凡获得了任何的面试或实习机会,都会跟学长报告一声,让他了解我的近况。

学长告诉我,正是我的这些举动,让他断定我一定是一个或者将会是一个很出色的人,也让他对帮我实习内推这件事情真正上了心。

故事的尾声是这样的。在我回上海半年之后,偶然收到学长的邮件,他问我是否还在英国,想要把我内推到他同事的一个组,是全职。当时心中虽也有几分遗憾,但更多的是一种感动和温情。

现在,我跟 Allen 学长是朋友圈的点赞之交,后来转行的时候也有私信问过他的意见。如果说维系两个人的短期关系靠的是利益交换,那么是否能维系长期关系其实取决于你们是否有过真正心意相通的时刻。

如今我也愈发明白,社交这件事,需要技巧,也需要真诚纯粹和运气缘分;既有章法可循,但也有求而不得和意料之外;社交既是商业手腕,但也更是人情。

4

到了招聘季，学校里有数不清的人才招聘会，最忌讳的就是像无头苍蝇一样疯狂地跑完这场跑那场，不事先做功课，听得再多也只是凑热闹。海量投简历碰运气这一套，对于进好公司根本不管用。与国内的校园招聘会略有不同的是，英美商学院的招聘会有很典型的社交环节，公司里各个部门各个层级的员工代表都会过来，其中很多是已经毕业的同校校友，同学们先是预约，名额有限的话会经过一轮筛选，筛选成功的方可参加。学生人数一般几十人，不会太多，但也从来不少。

一般能够出现在这种社交场合的同学，显然都是积极的、主动的、意识很强的，个个自然也都是有备而来。带一个轻便的包，可以正好装下简历，进场后包先放在一边，手上毕竟要拿酒杯不方便。如果有聊得不错的，再把简历呈上。紧接着，晚上回去加领英发邮件，感谢对方的时间，期待能有一个面试机会。简历发过去了，不知道有用没用，这种似是而非的感觉是非常绵密磨人的。

在大概去了七八场招聘酒会但没有收到一次面试通知之后，我突然想明白一个问题，要靠社交去获得一个面试机会，你必须极其会聊天——要在很短的时间内聊出你的特色，聊清楚你自己是谁，你为什么需要这个机会。而且，你不能像做演讲似的直接陈述这些，必须在一来一往的对话中用看似不经意的方式把所有信息点聊出来，只有这样，你才可能给对方留下深刻印象。这对于语言的要求高于面试，甚至高于工作本身，况且聊天能力，也从不只关乎语言本身。由于对西方人不熟悉，我常常看不懂他们的微表情，体会不到他们每一种语气的弦外之音，聊天时处于被动，自然很难让别人记住我。

这个时候我开始转变战略，如果聊天功力不足以打动英国或者欧洲的校友前辈，但在伦敦金融城里工作的华人那么多，我有没有机会找到他们呢？

现在回想起来，我的个性是相当有韧劲的，最喜欢在看似基本无望的局面里，努力寻找一丝生机。

看到 Rebecca 的履历时我兴奋不已，一是出生在中国，二是她在一线外资银行的伦敦总部已经工作了 10 年，三还是校友。我连忙看了她的 ins，惊喜地发现她有的时候会使用中文。Rebecca 所在公司的招聘交流会将于一个月后在华威商学院的伦敦新校区——碎片大厦举行，Rebecca 不仅会出席，还会作为圆桌论坛嘉宾完成一个议题讨论，圆桌之后更是安排了整整一个半小时的互动交流环节。我想，就是她了！这场活动我一定要去！

对于这种近乎孤注一掷的机会我当然不会怠慢。Rebecca 虽不是社交媒体的重度用户，但多多少少会展露出一些信息。比如，她在脸书上关注了 WLWS（伦敦西部葡萄酒学校）和 WSET（英国葡萄酒资格证书），为数不多的 ins 图片上有一些她在葡萄地与酒庄的照片。我看到 Rebecca 的同事给她留言："谢谢 Rebecca，我们的聚会请了你上次推荐的调酒师，他非常棒。"七拼八凑起来，我几乎可以判断，Rebecca 绝对是一个红酒爱好者。"红酒"或许可以成为一个撬开求职机会的口子。

我突然灵机一动——既然如此，不如我特地去 WLWS 报班学学红酒？如果运气好，我也许能借此话题成功"链接"到 Rebecca，而且这件事情最差无非就是没有打动 Rebecca，但好歹我学会了红酒知识。投资学里讲，若亏损有下限，收益无上限，这件事情就值得一做。只要逻辑通畅了，决策就会非常快，我当晚就在 WLWS 的官网上报了名。

后来，我跟很多朋友聊起这件事，他们说："你竟然会为了一场交流会特意跑去学红酒，简直拿出了势在必得的架势啊！"大家一边啧啧称奇一边自嘲："怪不得我们社交不成功，原来能成功的都是你这种猛如虎的人，我们输得心甘情愿。"

实话讲，虽然每一个步骤都看起来要性很强，但我内心对结果好像并没有那么在意。我只是想和自己玩游戏，验证一下如果按照自己谋划的这一套来，事情究竟能不能成。我经常觉得，我既是自我的本体在执行和经历着我生活中的一切，自己也能时时抽离出第三只眼来观察这个小姑娘到底在干什么，能不能试验成功。

交流会当天，我全程目光紧随 Rebecca，一直在找一个契机跟她搭讪。不得不说，Rebecca 真人太美了，眼神发光，笑意盈盈。我不知道她是不是用余光感受到了来自远方的我的注视，竟然径直向我走过来，把酒杯放在了我倚着的吧台上。

我赶紧走上前去："你太美了，刚刚讲得太好了。告诉我，怎么在十年之后成为你。"

我承认这个搭讪方式莽撞又土气，但善良如她，还是被逗笑了。

我紧接着又说："您的气质像极了今天的这款酒，优雅浓郁回味长。"然后，我就开始了我事先准备好的那一套关于红酒拟人的噼里啪啦的论述。

后来回想，像 Rebecca 那般聪明的人，恐怕早已看出了我那点小心思。但谁又会抗拒这点小心思呢？

我虽顺利把话题引到了红酒上，但事情并未如我期待的那样。事实上，Rebecca 就着我说的红酒随便多问了几句，我就有点答不上来了。我暗暗尴尬，果然，突击得来的知识就是花架子。好在，Rebecca 当时挺有聊天状态的，我便索性把自己怎么为了跟她聊天去特意学红酒这件事和盘托出。这下好了，她的笑意盈盈变成了开怀大笑。最后，她拍拍我的肩膀说："就冲你的这个故事，我也要帮帮你，等下回去把简历发我看看吧！"

后来，我确实是因为 Rebecca 的推荐，第一次走进了伦敦金融城的写字楼。

再后来，我回英国参加毕业典礼，Rebecca 早早订下一家西班牙餐厅，说是为我学生身份的终结来一个简单的小仪式。她说，"Since，我真的很喜欢你，年轻，有冲劲，充满好奇。每次看你，都像同十年前的自己补了一剂血。毕业快乐。"

那天和 Rebecca 吃完饭，我骗她说我回酒店，事实上我去了金丝雀码头。1 月的伦敦有雾有风，天黑得很早，我没有看到几个人。我觉得这个地方其实和别处没有什么不同，一样那么冷，我在河边吹了会儿风。

❻

之后创业做商务拓展，各种各样的投资人与合作方，完全陌生的地域，完全陌生的行业，我上手得非常快。合伙人笑着说："我说什么来着，我就说你有做商务拓展的天赋吧！"我自己明白，因为类似的从零到一，类似的战战兢兢，类似的孤勇，几年之前我在伦敦找实习的时候早已经历过一次。

商务拓展是一件非常职业的事情，利益互换和资源配置的商业法则当然是关键。但我始终觉得，我的内心依然有隐隐约约跳动着的赤子之心，我相信极度真诚的力量，也相信不可言说的心意互通。我亲历的际遇教给我的道理，我深信不疑。

现场观战欧洲杯总决赛

❶

我用 Excel 总结过一份外国人日常聊天的高频话题表格,其中体育一定能排到前三。美国人喜欢聊橄榄球,"超级碗(Super Bowl)"作为每年最盛大的橄榄球赛事,在美国人心中的地位等同我们的春晚。英国是现代足球的鼻祖,英超作为"五大联赛"之首,商业价值比肩 NBA。贝克汉姆说:"足球渗透在英国人的文化里,存在于我们的 DNA 之中。我们降生到这个世界,足球就和我们在一起且永不分离。"

在学校或在公司,大家总频频聊到足球,同时它也是英国家庭聊天的日常话题。我和 Emily 在社团认识,她是一个略微羞涩的英国女生,家住伯明翰,离我们学校很近。她带我去她家过过一次家庭周末,吃晚饭时,全家人都在讨论他们最喜欢的阿森纳队。当时还并不是足球赛事的赛季。

Emily 跟我说,从她爷爷辈儿到爸爸妈妈,再到她七八岁大的小外甥,全都喜欢阿森纳队。"不论队伍表现如何,我们全家都会一如既往地支持阿森纳队,永远不会改变。"Emily 说这句话时的坚定,让我感觉她在说婚姻誓词。

我基本上是一个对足球一无所知的人,而且从小到大我似乎都没有自己特别热衷的体育项目。但在西方背景下成长起来的小孩，男生也好，女生也好，都有一个自己非常擅长的运动，比如棒球、网球或篮球。学校和家庭很重视培养他们对体育的热爱和理解。

在 Emily 和她的家人讨论得热火朝天时，我压根就搭不上话。我倒也不觉得尴尬，乐乐呵呵地听着，十分享受地吃着 Emily 妈妈做的烤鸡。

Emily 的爸爸可能突然注意到了一直没有讲话的我，扭过头来问我："嗨，Since，你最喜欢哪支球队呀？"

我根本不看足球，当然也没有喜欢的球队。犹豫了半响，我觉得怎么着也得说一个答案吧。我想了想说："我喜欢中国队！"我到现在都还记得 Emily 爸爸当时那个尴尬的微笑。

从 Emily 家回去之后，我开始反省。一直声称要充分利用留学机会感受异乡文化的我，对英国人最喜闻乐见的足球话题却总是装睡，实在有点讽刺。我决心恶补足球知识。"以我那么强的学习能力，肯定没有问题。"我心想。

我查找了很多入门足球的资料，包括它的起源、历史上的明星球员、经典的足球赛事以及足球的商业化。文字资料也看，视频也看。虽然相关的术语和常识很快就疏通了，但我看来看去还是没有抓住感觉。

2016 年欧洲杯期间，学校露天广场的大屏实时转播着每一场赛事，场场爆满。大家一起欢呼，一起释放肾上腺素，一起手舞足蹈，我自然也乐于这种激情的氛围，却还是不明白为什么这项体育赛事能令大家如此疯狂。

朋友说："要不你去现场看一场足球赛？之前我也不理解网球，直到去年我去温布尔敦现场看了温网。你知道吗，每一次发球前全场的极致安静真的令我震撼，球员离我很远，但我能听到他的呼吸。极度专注，极度精致，这就是网球的魅力。三维的立体的氛围感染超过一切，亲自去赛场看一看，或许你也会对足球有完全不一样的感受。"

2016年的欧洲杯在法国举行，伦敦和巴黎是著名的"双城"（狄更斯的《双城记》讲述的就是伦敦和巴黎的故事），往返于这两个城市间的欧洲之星列车是全世界最火的火车线路之一，交通非常便捷。我咬咬牙买下当年欧洲杯总决赛第一排的门票，和家人朋友一起前往巴黎市郊的法兰西体育场观看。

那一场比赛是法国队对阵葡萄牙队。我显然没有什么鲜明的立场，谁赢都好，但想到法国是东道主，主场球迷更多，声势定会更浩大些，就索性穿了法国队的球衣。

安检放行之前，大家挤在体育场外的啤酒屋里，老板是一个瘦瘦的法国老头儿，他说："如果今晚法国队赢得了总冠军，那结束之后我们的啤酒会免费赠送给大家！"所有人一阵欢呼。每一个身着法国队球衣的人看到彼此都像看到自家人一样，他们朝我笑朝我招手，主动把手上多余的彩条、彩环和小喇叭送给我。大家穿得非常运动，盛夏阳光下的圣丹尼（法兰西体育场所在地）金光灿灿，大家碰杯豪饮、勾肩搭背，有的已经开始在场外掰手腕，比拼俯卧撑，或玩起花式足球来。

这种热烈不同于演唱会前歌迷们的热烈。每个人的身体里都有一匹渴望脱缰的野马，绿茵场上球员们的飞腾、勇猛、力与美，就是这匹野马的具象化，他们有多快速多极致，人们的释放就有多彻底。引爆球场的不是矫情的尖叫，而是生理的呐喊。

这种呐喊在球队进场时迎来了第一轮高潮。球员们矫健的步伐，霸道而紧实的腿部肌肉，极富雄性荷尔蒙魅力。当葡萄牙队的 7 号球员 C 罗从距离我很近的地方走过时，不得不说，哪怕伪球迷如我，也有一种心跳停拍的感觉。

在接下来的一两个小时，根本就没有空间让我去旁观或审视，我已经被不由分说地拽进这场集体的豪放、粗犷和激荡里。每一次的射门或即将射门，进或不进，C 罗负伤下场，或是几度有球员犯规吃黄牌，赛场上的每一幕都同时牵动着现场八万人的神经。一个个生猛的个体经过一次又一次长距离不停顿的奔跑，一次次跳跃、冲撞与对抗，在门框前汇集希望，再失望，再汇集希望，个体的意志与团队的灵魂展现得淋漓尽致，像一幕一幕颇具张力的戏剧，充满了艺术审美。

这场球赛有没有帮助我理解足球我不知道，我只知道当天我发在脸书上的照片收获了很多点赞，回去后朋友们也陆续问起我这次的经历。怎么说也是现场看过欧洲杯总决赛的人了，我突然有了一种莫名而来的底气。

❷

当你开始留心某一类事物时,这类事物便会非常频繁地出现在你的生活里。我之前没有发现周末公园的草地上,原来有那么多神情专注、配备专业的正在踢球赛的小朋友。父母们带着家里的狗狗在一旁加油呐喊,笑意盈盈,毫不着急。一位母亲欣喜地跟我说:"看到刚刚进球的那个男孩了吗?是我儿子!"

趁着这位母亲正在兴头上,我忍不住和她多聊一些。她告诉我,踢完这场球,小男孩晚上还有两个小时的壁球课。

"这运动量未免也太辛苦了吧,小朋友不累吗?"我很惊讶。

"不对不对,这不叫累,这叫完全燃烧。"这位母亲虽和我说着话,但眼神总会时不时回到儿子身上。

"壁球?这个我倒不太熟悉。"

"没错,壁球相比足球小众些,但也是学校的主要选修课之一。足球培养集体意识,但壁球呢,有点类似下棋,培养的是智慧。"她指了指自己的脑袋。

早就听闻在英国的学校里,体育课和文化课同等重要,甚至有"体育第一,学习第二"的说法。见微知著,从这位母亲的只言片语间,我已经感受到了英国体育教育的名不虚传。

当晚回去,我特意找到 BBC 出品的一部关于伊顿公学的纪录片。伊顿是英国最著名的私立中学,提倡"绅士教育",伊顿学生每周有 23 小时的体育课,几乎和 31 小时的文化课平分秋色。学生们可修的体育项目多达三十余种，包括田径、板球、曲棍球、英式足球、野地足球，和一些贵族运动如马球、赛艇和击剑等。伊顿认为，运动不仅有助塑造强健的体魄和挺拔的气质，更重要的是在潜移默化间培养一个人的忍耐力、自信心、专注力和快速复原的适应力。这些是仅靠说教无法替代的。体育就是最好的人格教育。

合上电脑后的我感慨良多，甚至有些怅然若失。想起我从小到大的体育课，有时不知怎的就被换成了数学习题课，即使去操场上课，更多时间也只是在自由活动，常常活动一会儿就没意思了，便三五成群地回了教室，女生尤其是如此。跑步、打球在家长和老师眼里，不过是一种放松和调节罢了。体育课不被重视，体育老师不被重视，体育好的学生和成绩优秀的学霸们根本不可同日而语。体育处在课程体系的边缘，我们好像不能不要它，但好像也可以随时不要它，大家睁一只眼闭一只眼，谁都不愿深究。

我不禁再次想到欧洲学生们观看足球时的疯狂，以及我们华威赛艇队的队员们在学校宛若明星般的待遇，似乎更能明白其中缘由了——就好像小时候学过绘画的人，必然比不会画画的人更有美术鉴赏能力，小时候把"体育"当正儿八经的课程学过的人，才更能感同身受优秀运动员的传奇之处，更能理解他们是突破了多少生理和心理的障碍才能取得如此成绩，从而获得加倍的振奋人心的力量。

那些绿茵场上踢球的小朋友，事实上绝大多数将来都不会以此为生，但运动留下的记忆和塑造的品格却会永远发挥着隐秘的力量，长达一生。

❸

如果小时候受教育是被引领着开化自己,那么从大学时期到真正"三十而立"之前,都是自己主动去开化自己的过程。要相信人的可塑性,把自己看作自己的小孩,把自己当成小学生一样去培养。

我决心开始认真健身,学习拳击和瑜伽,不是想随便玩儿一下,是真的上了心,弥补这些东西甚至一度成为我战略级的生活目标。毕竟,认知决定态度。

从前,我也常去健身房,但都是自己跑跑步,瞎摆弄会儿器械,弄出一身汗就心满意足地回去了。想着,健身方面的知识在如今的互联网世界唾手可得,我又何必请一位教练呢?但事实上,在任何细分垂直领域,从业者花了那么多时间、精力和资源去研究一件事儿,不可能是没有价值的,人应该相信专业的力量。找一位优秀的、适合你的教练,将事半功倍。学习任何新技能都是如此。

我的教练在最开始时花了很多时间跟我沟通,不仅关于饮食作息等生活习惯,更关于性格和观点。他说:"运动潜力跟很多东西有关,人是一个有机整体。"优秀的教练从来不局限于把动作教好,他们懂心理,他们会观察你运动时的眼神。快练到身体极限时的应对状态非常能反映一个人的潜意识。课后,他们会把这些你不曾捕捉到的自己逐一反馈给你。

以前,我一边运动,一边脑子总在想别的事儿,尤其在跑步的时候,想象力更是经常飞到了外太空,而这其实都会在某种程度上减损运动效果。不论是敏捷性、力量或柔韧训练,都应该全神贯注于自己的身体,感受自己的呼吸,感受四肢的延展或力量。健身不仅仅是健"身",亦是健"脑",也是健"心"。

拳击属于我最喜欢的爆发类运动,老师在头两节课就告诉我:"你出拳很好,但防守意识不够,你要更静更稳地打拳。联想一下《动物世界》节目里,老虎扑向猎物前蛰伏在某处的样子,很专注、很沉稳,但身上的力量又是紧的,不要放松,要伺机而动。"瑜伽老师则像皎洁的白月光,春风化雨,她说:"想象自己是一只天鹅,在平静的湖面上游弋,你的脖颈可以拉长,拉长,再拉长……"

每回运动完之后,我都身心愉悦,觉得自己成为了一个更完整、更丰富的人。这是一种强大而纯粹的感觉。强健的体魄总会带来活跃的思路和高亢的精神,你甚至不需要做成任何事,也会在健步如飞的时候觉得"I'm the king of the world(我是世界之王)"[1]。

西方商学院重视职场教育,每隔一两周便会有一些知名在职人士返校,通过演讲或论坛的形式,分享他们在财经金融领域的真实工作感受。几乎每一次都会有人现场提问,"你觉得职场成功最关键的因素是什么",而每一次,一定会有人回答——是身体和精力,职

---

1. 电影《泰坦尼克号》中的经典台词。

场越往后走越拼的是你的能量值。

我一度觉得这就是一个"万金油"答法。咳，不就是身体是革命的本钱吗，这道理谁不知道呢。

什么是知道？"知行合一"才能算是真正的知道。在学校的时候，我总以为自己的任务已经很重了，但事实证明，这和在职场竞争中所需要的精细的精力分配管理能力依然是没法比的。工作中随时会有烦琐的或陌生的事情跳出来，消耗大量的能量，而且这些事情并不可能全在你的控制之中。处理的工作越复杂，越需要建立起一套确定的精力维护模式，来抗衡一切的不确定。建立这套模式最关键的就在于对生理的深刻理解，不要对抗自己的身体，人的肉体之躯漫漫进化几百万年，是一个庞杂、精密、自治的系统，它比人的意志力更高能。

高中时读过青年毛泽东写的一篇名为《体育之研究》的文章，很精辟。文章讲："体者，载知识之车而寓道德之舍也。体强壮而后学问道德之进修勇而收效远。"毛主席还在原文中引用了一句"文明其精神，野蛮其体魄"，其实，我早就记住了这句话，但直到现在，才真正体会其微言大义。

生而为人，肉体的强健是一切的基础。理解自己的身体、尊重精力，方可驾驭精力；身体健康，方可心想事成。

巴黎与审美体验

❶

首次去往巴黎前,我迫不及待地看了十来部跟巴黎有关的电影,尤其是伍迪艾伦《午夜巴黎》的头几分钟,不知道来来回回看了多少遍。

朋友见我已然进入了疯狂的臆想状态,提醒道:"你不要期待过高啊,其实巴黎也就那样吧,地铁也脏脏旧旧的。你要自行去掉影视作品的美化滤镜哦!"

然而,当我到达巴黎,一下子就被那种随意、散漫的情调吸引住了。

空气中弥漫着的香氛和音符,是城市抛出的媚眼。不知是因为彼时的法国正在举行欧洲杯,还是我的心情过于轻盈,地铁并不像传说中的那样脏乱,反倒非常清爽。

单从地铁,我就感受到了巴黎和伦敦的不一样。伦敦的地铁挖得很深,古老、繁忙,虽也常有摩登男女穿梭其中,却不会过分高调。伦敦地铁自带老父亲的淫威,你们可以浪漫张扬,但依然要克制,要有分有寸。巴黎地铁同样历时悠久,却是一个老顽童。巴黎的地铁艺人手舞足蹈,整个背景充满戏剧感染力。最值得一提的是巴黎在全世界都非常著名的"地铁逃票"——巴黎地铁的出入口是仅1米左右的自动转栏，无人监控，要通过这道门实在很容易，从栏上跳过，从转栏间钻过，或紧贴着他人通过都可以。巴黎人从不介意别人与他蹭票，甚至还会善意地主动邀请。有一回我找不到票了，很着急地在入站口找，好几个人都冲我说："走走走，我们带你刷进去！"巴黎地铁只需在入站的时候刷票，出站就不用管了，且无论坐到哪里都是一张两欧元的地铁票。这跟我在文学或影视作品里感受到的法国人是一样的，随意散漫，不拘小节，自由自在。

巴黎毋庸置疑是一个世界级的大都市，但却不会给人以压迫感。巴黎的建筑、街道，都旧旧的，同时非常有风情，也非常大气。巴黎的街道要比伦敦宽很多，城市的整体布局很松弛。伦敦复古，很有历史厚重感。巴黎也颇有历史感，但是非常轻、非常薄，很缥缈。打一个比方，如果说纽约、伦敦和巴黎是三个世界级的富人，纽约便是最典型的有钱人，开豪车穿名牌，浑身上下金光四射，言谈举止非常有范儿，气场强大，让你不得不向往，不得不臣服。伦敦的穿衣风格虽然复古，但无人不从那华美的面料、精致的剪裁和繁缛的装饰中感受到这件衣服的昂贵。伦敦连看你的眼神都是深邃的，让你很想了解她。在她面前，你丝毫不敢乱说话，你害怕一开口就显露了自己的浅薄。但巴黎就不一样了，你明明知道她也很有钱，她却不着急让你知道她的富有，她还是穿着多年之前的那一件衣服；你也隐隐约约知道她应该经历过很多事，她也不着急向你诉说，她想要你在她面前成为你自己，她鼓励你说出你自己的故事。

在巴黎的最后一天，我一个人漫无目的地逛了一整天。没有做什么攻略，只是沿着 69 号的公交车一直坐，看到哪里风景漂亮就在哪里下车。从塞纳河到埃菲尔铁塔，从香榭丽到凯旋门，巴黎时晴时雨，风情万种。我好像突然理解了伍迪艾伦的痴迷，也好像懂得了什么是"流动的盛宴"（美国作家海明威著有随笔《流动的盛宴》，记录旅居巴黎的生活。其扉页上的题献——"假如你有幸年轻时在巴黎生活过，那么你此后一生中不论去到哪里她都与你同在，因为巴黎是一席流动的盛宴"，已经成为巴黎的"文化名片"，被广为传诵）。

这座城市不强迫你融入她的固有气氛，却将她孕育多年的一切，埋于你的肌理。拜托，别满脑子未来啊远方啊，先收下这枝花，喝了这杯酒。

在世人眼中，巴黎就是时尚本身。早在 17 世纪，"太阳王"路易十四修建辉煌绝伦的凡尔赛，名流巨贾们愿为衣着配饰豪掷千金；尤金皇后挖掘了第一位高级定制设计师，王室的示范让法国人民对服饰充满热情；20 世纪至今，法国的时尚品牌引领全球风潮，颇负盛名的设计师层出不穷。

我精选出衣柜里时尚度最高的衣服，装了一整箱，临时买了些首饰，我可千万不能怠慢了巴黎。当然，我更明白的是，在这个城市，怎么造作都不过分，我要凹出 300 张美照称霸朋友圈。

我期待看到巴黎的人，尤其是女人。在我心里，法国女人是一种非常美的存在，她们优雅而有风韵。法国女人是最能够驾驭"珍珠"这个单品的。珍珠一方面柔美，富有灵性，同时又需要高贵的气场来衬托，如果你没有一定的阅历和气质，便会显得突兀。可可·香奈儿女士的经典形象照，总是佩戴有大串大串非常复杂的珍珠。而你只要稍稍看过一些法剧，就能大致感觉到法国女人整体对珍珠的驾驭能力。

朋友再次感叹："巴黎绝了，太能勾人幻想了。但时尚形象从头到脚都被设计过，现实中怎么可能个个那么精致呢，你可别失望。"

朋友说的是对的，如今的巴黎人早已抛弃了洛可可式的华丽与繁复，但我丝毫没有感到失望。巴黎街头的女人们，她们不管什么样子什么年龄，哪怕很老了，你还是会看到她们用心地扎一条丝巾，戴一顶帽子，穿一双漂亮的鞋子，或者涂非常亮色的指甲油。你能感受到她们在很用心地生活，很用心地感受美，也尽可能让自己成为美的一部分。你会突然觉得，美本身跟年龄无关，跟妆容无关，只关乎一种态度，一种神情。巴黎的女人散发着一种不容置疑的"我就是很美"的气场——哪怕我青春不在了，哪怕我的穿戴不够精致豪华，我依然是美的；我想穿什么就穿什么，一件衣服我一旦穿上了它，我就一定能够驾驭它。一方水土一方人，这种"爱谁谁"的做派，像极了巴黎。

西方社会总是那么习惯夸奖。有的时候我没有化妆就出门了，但是穿了一件比较好看的衣服，便会有人夸我的裙子好看；有的时候我穿得很普通，但那一天如果气色好，就会有人夸我笑得好看。老实讲，在国内的时候，我觉得我多多少少是有一点"外貌焦躁症"的。不仅我有，通过交流，我身边的绝大多数女生都有。大家总是觉得自己的样子不够好看，不够完美，很想改变它。这当然跟中国女生不够自信有关，但跟整体的言论环境更有关——比起去发现一个女生在身材和容貌上的优点，大家更喜欢去抓住女生容貌和身材上的缺点并把它放大，男生对女生如此，女生对女生如此，女生对自己也是如此。在无形中对他人的伤害，也是在潜意识里对自我的攻击。

当然，最深层的原因还不在于缺乏赞美，而在于，我们从小便没有受过关于美的教育。在巴黎这样的城市，我总会在博物馆、美术馆，还有音乐厅里看到很多中学生、小学生们，被老师领着去看艺术品与芭蕾舞表演。我们从小没有受过这样的教育，我们在成长过程中拥有了自己的价值体系，知道什么是对的什么是错的，但我们很难去构建一个属于自己的独特的审美体系。我们不知道什么是美的，我们很难去发现和接受自己的美，小众的美，反潮流的美。我们对美的概念是模糊的，对美的认知是同一的。

没有主见，在追求美的道路上便只能永远被动。网络上流行过一阵子"A4腰"，我身边有很多女孩子想去练就它，她们不管自己是不是真的觉得它美，也不管自己是不是真的适合骨感的身材，她们只是单纯认为如果自己做到了，别人就会觉得她美。这并不是在追求美，而是在追求别人对你的评价。这种对美的追求是不自由的，是被禁锢的，严重一点说，甚至是病态的。

巴黎虽傲娇，但她爱我，治愈我，滋养我。我被路人夸奖，也夸奖路人；我被别人搭讪，也搭讪别人。我的自信完全释放了出来，走在路上好像自带背景乐一般，舒展极了。

虽说是去巴黎度假，我还是带上了商务电脑和一摞子专业书。在升级打怪的模式下成长起来，我无法容忍自己持续十来天纯玩纯享乐，脑子里永远住有假想敌。我从没彻底放松过，也不明白什么是真正的放松。我不觉得这有什么问题，焦虑催人奋进。

所以，我很适合商学院。商学院崇尚速度和效率，鼓励竞争，无事不谈"投资回报率"，每一顿晚饭都可以是程度不同的社交，谁谁又拿到了厉害的实习，谁谁又高分通过了资格考试。有一次课上讲 LVMH 集团（当今世界最大的奢侈品集团）的品牌收购史，我想着终于能从欧洲老师口中听到欧洲奢侈品品牌的精髓了，没想到整堂课却只有报表和估值模型。"无论什么公司或品牌，在资本眼里，都只是谋利的棋子罢了。"老师如是说。商学院培养着血性而精明的"入世之王"。

我虽痴迷于巴黎，但从某些层面，我又看不起她。用一个不太恰当的比喻，像一个事业心旺盛的男性对一个身材姣好、气质妩媚的女性的痴迷，我虽爱她，但终归只是为了温存。是短暂的逃离，偶尔的放纵，主流外的欢愉。若真永远这般暧昧、浪荡，人还能成什么事呢？

巴黎散漫。餐馆的服务员模样俊俏，但不专业，记错了我的主菜；咖啡馆里坐满了发呆和聊闲天的人；我的同学在巴黎实习，周五下午四点半便跑来和我们会合，他说同事们都早退了，他还算走得晚的呢。我抑制不住一个商科学生的表达欲，热切地说："从管理咨询的角度，我可以给巴黎这个城市做出几百页的效率改进方案。"同学摆摆手："别介，这才是巴黎。谁要毁了这份松散，谁就毁了巴黎。"

我虽然对这份松散嗤之以鼻，但又"身体很诚实"地从了这份松散。带来的书和电脑都是骗人的。在巴黎，你只会觉得离艺术很近，离醉生梦死很近。你以为的正经事在巴黎眼中都是假正经，你觉得消磨时光的事在巴黎才是头等大事。同学点了一瓶酒，而是否喝醉从不取决于酒本身，而取决于喝酒的人想不想醉。我当晚大概是醉了。我说，我好像也没那么喜欢金钱。我说，资本太冷酷了。我说，削尖了脑袋进大公司也不过是上流水线。我说，我想当名艺术家。

第二天早上醒来，我喝了一杯黑咖啡清肠醒神，装模作样地发了一些邮件，看了会儿《金融时报》。想起昨晚，不禁哂笑：巴黎太狡猾，英雄难过美人关呐。

后来，朋友带我去了蓬皮杜艺术中心，我感觉内心中叛逆的小鸟要再次冲破牢笼，但我努力保持着表面的镇静。我知道，我终是要离开巴黎的。我马上要回到商学院交论文，我会用翔实的数据、精湛的分析征服导师，我即将成为干练而高效的精英女白领。

巴黎，她只在夜里，只在梦里。

❹

我在华威大学认识了一些出身于金融世家的同学，他们带给我很大的冲击。其中，一位叫 Mike 的香港男生同我走得很近，他是发自内心地喜欢商业规则，信奉成王败寇。他跟我说："没有不真正热爱钱的人能赚到很多钱。"

我本就野心勃勃，渴望成功，在商学院遇到的人和事把我的这个性格切面加剧到了极致。我梦到自己是一只狼，人挡杀人，佛挡杀佛。

那时，我根本不想承认我是一个有 B 面的人，我不想承认在另一个平行时空里，我期待酩酊大醉，渴望绵延不绝的旅行，喜欢疯狂购物和扮靓的自己。我厌倦规则，蔑视套路。我想花一整天看画，我想画画，我想写诗，我想唱歌。商业总是六亲不认，转瞬即逝，艺术却从不抛弃我。

我是矛盾的，又爱巴黎，又看不上巴黎。但所有的"看不上"，其实都映射着内心某处的"匮乏"。我已经见识到了极致的商业精英是什么样子，所以我想成为他们。那些多愁善感的情绪和微妙细腻的灵感，时不时在我脑子里跳跃一番，像迷魂剂，妨碍着我去成为一个坚定果敢的人。我的理智告诉我,摒弃那些黏糊糊软塌塌的东西,直线地实现目标,如果可以,把我的每一步、每一天都数字化,做好风控,勇往直前。

商学院也谈人文主义,却也不太谈。有关审美与艺术的一切,可以辅助生活、工作平衡,可以丰富个人修养,却总归是专业之外的事。那时我对"专业"有误解,我以为选择了一门专业,就是选择了一种气质,一种生活方式,甚至是一种人格,我无法明白专业只是一门手艺、一种技能,仅此而已。年纪轻轻又一心上进的我太追求"先形似再神似",太相信"Fake it till you make it(伪装一切,直到成功)"。我卖力模仿着我当时稚嫩的目光仅能捕捉到的表层东西,我无法安置我身上同时存在的文艺和敏感。

后来我毕业了,从大公司到创业公司再到自由职业者,我似乎用很短的时间走完了别人很长的路,高密度的成长终于让我有自信对很多观念进行重新思考。乔布斯是科技天才,也拥有极致审美;马云善于战略管理,更善于感性触达。商业交易的主体是人和人,只有人格化才是绝对的不可替代;商业的表层是数字和套路,但其本质是价值创造;每一家公司都是作品,作品的竞争力永远在于独一无二的灵魂。商业和艺术,理性和感性,本也不站在逻辑的对立面。不论是知识摄取还是人格塑造,只有博采众长,才能相互印证,只有无边界地向可抵达处延展,才能融会贯通。

商学院的氛围让人过于现实,而现实的顶端往往只有内心不够现实的人才能触达。聊艺术,聊理想,聊一些看似跟日后的职业毫不相关的事情，不是与现实背道而驰，而是恰恰最有可能让你突破现实的重围。在任何行业要想成为头部，有且只有一个办法：成为你自己。

其实当年巴黎早就跟我说过，我却没有能力接住她的话。

❺

我跟一位朋友聊起这些，她说："没事啊，巴黎永远都在，你可以随时再去。"是啊，巴黎永远都在，可我仍有遗憾。

延伸篇:商学院没有教给我的

❶

我是在典型的中式教育下成长起来的孩子,但我的天性很西式,喜欢批判思考,喜欢不确定性,充满表达欲。

我的少年时代过得并不顺利,我擅长的学科排在鄙视链的最底端,初中班主任按排名划分座位分批圈养,将小孩子的爱恨套上阶级枷锁。那是我在过去的人生里被专制的评价标准折磨得最惨的时候。但说真的,当你的天性强烈到一定程度时,环境的束缚和压制都是暂时的,只要你在日后的人生中获得一点滋养,骨子里呼之欲出的东西就能再次蓬勃绽放。

我对留学的向往无关镀金和求异,更关乎一种欣赏。我所理解的西方教育,大胆灵活,鼓励主见,强调输出和合作。课室的布局,传授的形式,考核的结构似乎都在为这种模式背书。讲师耐心地为每一个问题驻足,成堆的小组作业让你不可能躲过团队协作和公开演讲,论文的评分标准反复强调个人观点段的重要性。

开学一段时间后,我变得异常忙碌。除了课业之外,手上有一份兼职,两个比赛;协助教授的研究项目需要自学软件和实地调研;实习面试总是来得猝不及防。我忍着锋利的高跟鞋带来的痛,一路小跑着踩点上火车,回到房间连扒下隐形眼镜的力气都没有了。这样下去不行,我想。

于是,我开始对时间格外在意,格外敏感,对投入产出比锱铢必较。拿整块整块的时间来互动和讨论真的是高效获取知识的方式吗?在课堂上提出再稚嫩的问题和观点都值得搁下进度解答吗?来自学生即兴的长篇大论,都要以敢于表达为由获得赞美和鼓励吗?小组讨论把一些七零八落的观点翻来覆去,群体思维即使低效也是必走的流程吗?写论文时,老师们都要求"一方面……,另一方面……"的论证,这种强求的多角度思考是高级的吗?

我在自以为会如鱼得水的模式里,感到了一丝苦楚。我看到了某种流于形式的无效,我看到了鼓吹自由表达下的某种僵化。我开始意识到,模式之所以为模式,都会有局限,都会有弊端。我所渴望的指哪打哪的知识和深度探索的精神,教育模式本身给不了我,也没有义务给我。

后来,我在一些更具竞争性的场合和一些欧洲学生相遇。他们高度自信,思维活跃,谈吐幽默,富有感染力,在视觉效果上更成熟更精英。但交手几次后,我发现他们的观点非常跳跃,发散到不太成体系,容易陷入自顾自的发言。而亚洲学生在**系统性思考**、**细节把控**、**数据敏感度**上明显更胜一筹。意识到这点后,我迅速开始给自己做心理建设,放下在语言和气场方面的自卑,找准相对优势,着力发挥。事实证明,即使有些磕磕绊绊,词不达意,也很难掩盖逻辑清晰。

每当我说国外的经历让我变得"自信"时,总被报之以理所当然的眼神，我想别人或许理解成了，西方文化让人变得更加主动开朗，浑身散发热情洋溢的气质。但我想说的不是这个意思。之前有朋友跟我说，如果你觉得一个人或一件事特别完美，是因为你还不够了解。的确是这样。我们倾向从信息洪流中截取自己青睐的片段再加上臆想来弥补内心深处的某些缺失，但只有面对面地深入走进后，幻想才会落地，视角才能全面客观。真正接触过西方教育后，它才终于在我心里走下神坛。文化和文化发生冲突时，我反而开始意识到自身文化的位置。

遇到不同背景的同龄人后，我突然看清了自己的特征和属性。这种强烈的自我意识，就是自信。自信的含义，无关孰优孰劣，不是谁更好谁更强，而是高度自知。在向前走往外看的过程中，不断会有新环境新事物的冲击，会有不同价值观的挑战，会有真高手的交锋，但回过头来，你还是能精准地看到自己的点，找稳自己的桩。

我想象中的欧洲城市，是一片瑰丽的哥特式建筑，或是丰富流畅的巴洛克，一条一线，一呼一吸，精致在沟沟壑壑里，大气在整体神韵中。欧洲人数百年的思潮涌动皆被浓缩于此，座座有话对你说。但当你真的踱步其中，才发现最抢眼的其实不是建筑，而是街道。旧书店的老板把胡子刮得一丝不苟，穿着笔挺的复古西装，路过时对你笑了笑，又接着打理他的书；各式小酒吧依次排开，不下雨时大家都喜欢在外面，你点一杯金菲士，我端一杯特基拉日出，花花绿绿碰在空中；转角有家蛋糕店，小孩子被浓郁的芝士华夫饼香勾得挪不开步，贴在橱窗上一动不动，像几只小木偶。这一帧一帧的街景，曼妙精致，十分灵动，流淌出大把大把的生活味，太过抢镜。灰色建筑围绕在侧，深情注视，不打扰你，不强迫你，它鼓励每一个人都成为你自己。

6月的某个午后，我和文小姐坐在特拉法尔加广场的阶梯上。年轻的女孩儿们迫不及待地穿上裙子，抹上红唇，笑得放肆，美得坦荡；涂着亮色指甲油的老太太看着踩滑板的酷少年从她身边呼啸而过；喷泉旁边有一对同性恋人正在接吻，旁若无人；黑人大叔大概是在表演魔术，眼珠子圆鼓鼓，神采飞扬；阳光淡淡地洒下来，几只鸽子落在雕像旁，逗留一会儿又飞走了。这极富生命力的一隅存在着一种巨大的感染力，告诉你——你可以做任何事，说任何话，爱任何人。一个穿着大露背长裙、身材丰腴的女人突然朝我走过来，让我帮忙拍合照。咔嚓咔嚓，镜头下的她们毫不遮掩，个个磊落。在那一刻，我被扑面而来的自在与自由击中，那是一种让你忘记去打量身材或妆容精致与否的信服力，那是一种与少女感和荷尔蒙都无关的律动与撩人，那是个体气质与多元审美落在她们身上的相互成就。

留学英格兰的那段时间，我成熟得很快。我仿佛能听到自己骨骼拔节生长的声音，从前那些窘境，我正在一一摆脱，那些狭隘的偏见也很难再桎梏和分散我。这种猛然的开化和生命气质的质变，书本给不了我，过来人的经验给不了我。而伟大的城市可以，切身的体验可以。

当时的欧洲大陆并不太平，从巴黎的恐怖屠杀，到布鲁塞尔的连环爆炸，再到土耳其的枪击事件。去年7月，我和家人在法国看了欧洲杯之后，一路南下，直奔蔚蓝的地中海。就在抵达的前一天，尼斯遇袭，一辆白色大卡车冲向人群，碎片四溅。大家围坐在电视机旁，没有人说话，我翻了翻之前保存在手机里的图片，阳光下的尼斯像一颗闪闪发光的蓝宝石。我们被迫临时更改了行程，我也至今无缘那一眼梦幻般的南法海岸线。我想如果我不曾来过，当看到这些新闻一次次地把欧洲推向漩涡中心时，大概也会深感遗憾。我也许体会不到对于当地人来说，这里承载着他们全部的生活细节，我也许想象不出画面切换前的安然与富饶，我也许无法感同身受血肉模糊背后的切实心痛。

之前我从未那样频密地行走过，一次次的起飞降落给了我告别的能力和落地生根的本领。但游历更大的意义在于，把那些书本上的单薄的知识变活、放大，上升成深埋肌理的情感体验。我可以从无数人笔下读到巴黎与伦敦，但如果我不曾来过，我理解不了什么是流动的盛宴，我无法将它们孕育多年的珍贵气韵收进囊中。我也曾试图去了解与宗教、权力、经济紧密捆绑的纷争与爱恨纠葛，但之前我不曾想过，那些在历史中被寥寥交代几句的流血事件，亲历的人们付出了多大的伤痛和代价。我从小看书里说，我们可以一辈子向法国女人学习怎样优雅，但如果我不曾来过，我不知道是一种怎样的自信与自爱在背后支撑着她们。生活在女权主义的发源地，法国女人在举手投足间都流露着一种不为取悦男性而去做她们不愿意做的事情的傲骨。

作为女生，我很幸运。我的父母全心全意地培养我，我的家人朋友呵护我，我在迄今为止的人生里暂未因为性别原因而失去我想得到的机会。我理解数千年来人类文明的演变所遗留下的糟粕，我觉得一切都在往好的方向发展，我很感恩。但当我领略过欧洲的女性气质和女性态度，我觉得也许我们可以更好一点。女权从来都不是站在男权的对立面，它是人权的一部分，亦是男权的一部分，人们对自由、平等、幸福的追求也从来不是一场此消彼长的零和博弈。这些道理，我因为来过，才真正懂得。

时代伟大，多媒体的迅猛发展提供给我们无穷无尽的信息，给人一种足不出户就可以尽知天下事的感觉。客观的信息和事实，积累得多一点少一点其实并不打紧。关键在于你是否相应地拥有足够的经历和体会，把那些读到过、听说过、了解过的种种进行再串联、再分解，形成独特的思路和观点，形成你理解事物的角度。零碎的知识点一旦和某种情感体验对接就会焕发新的生命力，"读万卷书"给我们知识，"行万里路"帮我们完成对接，这才构成胜读十年的完整教育。

❸

我本科和研究生学的都是商科。简单来讲，我的专业从意识层面给我最大的影响是一种**量化思维**：会计量化商业活动，金融量化风险，经济学是量化的社会学。在学习"ACCA 高级业绩管理"课程时，网课老师讲的一句话我一直记得，她说她心中最美好的世界就是一个高度量化的世界，万事万物运作轨道清晰，所有评判最终都能落脚成一个具体的 KPI（关键绩效指标），客观高效。相比于人文和基础学科的学生，商科学生有着更加脉络分明的进阶流程，在理性人假设[1]的潜移默化下，更加崇尚最小化成本、最大化收益，也更懂得个人自由和私人志趣的套现模式。商人与资本家们运筹帷幄，牵动飞速运转的齿轮，构建起一个幂次增长的商业帝国。我对专业有感情，也顺带接受了这一整套的游戏规则。

证书文化割划硬性准入门槛，像层次分明的岩点，供人攀爬，行就节节往上，不行就自动退下，又直观又公平。塔尖是什么好像并不重要，向上总是没错的，直觉告诉我们，先不要输。

几乎所有商学院都在强调影响力与领导力的重要性，不约而同地把精英筹码押给外向型性格。在权威风向标的指引下，大家心照不宣地想变得有趣，受欢迎，能言善辩，有社交风范，并尽可能地找机会佐证自己拥有这些品质。

---

1. 理性人假设，又称经济人假设，或最大化原则，是西方经济学中最基本的前提假设。

用人单位希望你是一个非常善于团队合作的人。对于群面我已经很熟悉了，气氛比结果重要，保住在场每一个人的情绪比保住你的珍贵观点重要，不论是应对平庸还是荒谬的表达，"这是一个非常好的观点"不要省。顺套路者不出局。

在变得更优秀的路上，我走得一点都不孤单。大家所向往的履历、技能、人格、职业成就都差不多，路虽然窄，但是方向一致，互相陪伴互相交流，似乎很有安全感。快人一步就松一口气，慢人一步就加一把劲，竞争不仅能激发个体潜能，还能带动整体进步。竞争总是没有错的，我们想。

在中国的"Hard 模式（困难模式）"下长大，我们并不害怕残酷的竞争，顺着路线往上走的孩子就是听话的，走得最快的孩子就是优秀的，我们从小就习惯了被一套体系评判。人的思考方式和做事风格有惯性，即使摆脱了学生身份，即使生活明明可以变得很宽阔了，依然会情不自禁地往最主流的考核标准上靠。比起失败，更害怕迷茫；比起规则的压迫，更害怕没有规则的指导。一条有过往经验和大众价值观支持的路，或许坎坷，但至少稳妥。一步一个脚印地向前走，往上爬，做成功的人，过体面的生活。

这一套攻略式的升级模式是要被打压、被批判的吗？我觉得并不。释放天性，忠于天赋，成就独特自我听起来很酷，但实践起来需要耗费巨大的精力，冒更大的风险。相反，按章程行事，牺牲灵性去顺应一些规则，主流地安全地过一生也是一种选择。人生选择没有高下，只有不同。从个体层面上看，这并没有什么问题。真正的问题在于，人们善于模仿和从众，在不断的自我打磨中变得高度同质，把主流的路走成唯一的路。主场磁力越来越强，想逆向行驶或岔道行驶的人得不到足够的养分和空间，路却越走越窄，不得已去牺牲他人利益来保全自己。而最后，在这场角逐中获得胜利和财富的人，会向后来者鼓吹既得利益，把所有人都拉到游戏规则里玩，让情怀和理想主义死，让出头鸟死。这才是**进阶式利己主义**的可怕结局。

每一个人的人生，说破天似乎只与自己有关，但其实不是。每一个人的行为、表达、偏好、选择从某种程度上都是在为他们心中未来的理想世界投票。人手一票。

我理想中的世界，是一个绮丽的多元世界。小朋友们蓬勃的食欲、爱欲、表达欲能在一片养料充足的空间里被保护、被释放；男孩女孩们对自己的独特性引以为傲，个个都很有高兴的能力，审美多元、活法多元；年轻人能在自己感兴趣的领域内毫无顾忌地贡献热情，不担心偏见，他们的勇气和决心不在一些本可以避免的问题上被考验；知识和才能可以被一视同仁，任何的想法和选择都能占有一席之地，人与人相互理解，价值与价值相互包容。社会不是顺级而上的金字塔，而是一个球面，你找准任何一个点竭尽全力地往下扎，都能成为英雄。

我理解主流世界和行业规则作为高于个人存在的重要性，但我不会对这些东西唯唯诺诺，我会为自己留出转身的空间。前程或许比想象中残酷，但我从内心深处接受无常，只要能持续地美丽、有知识，也不会有太难以为继的时候，我会为自己保留说不的权利。五光十色的物质世界的确诱人，我也从不否认高品质生活对我的吸引，但我不会为这些东西拼命，我会为自己设置更大的格局。

　　我想，我依然会去参加专业考试，不是在为证书文化背书，而是我尊重凝结在学科背后一代代人的智力劳动，真正的武器不是PASS卡而是系统性知识所带来的安全感；我依然会去结交朋友，不是为了所谓的人脉资源，我珍惜感情与真心，我看重当对的人聚在一起时所产生的势能；我依然会走在更好更强的路上，不是为了迎合或证明，人生舞台上寸步不移的观众只有自己，自己做自己最忠实的粉丝，只有自己才有资格给自己最全面的评判。

　　"量化"从此只是解决实际问题的方法论，不再是我界定自己人生和他人人生的标尺。"规则"从此只是或重要或不重要的乙方提案，最终抉择权，都在我这里。

第三章

当我们谈论面试时,我们在谈论什么

很多时候,问题的本质就是认知,
当你能理解压力面试的底层逻辑,
就不会苦于亦步亦趋的面试节奏,
你完全可以在心理层面去主导它。

群面的丛林法则

群面,即无领导小组讨论,是由几个人到十几个人不等,在无指令、无既定角色分配的前提下,共同去完成一个案例的讨论或其他某项任务。面试官只负责在一旁全程观察,对于场面上发生的任何事情都不予置评。群面的本质是选拔,是竞争,但又需要所有参与者以合作的形式来完成,所以既不能太"独树一帜",也不能被完全淹没在群体中。在这种微妙的氛围里,一个人的表达、应变、控场、逻辑和综合情商,确实是可以被有效测评的。

场面或有千千万万种,但群面的精髓从来都是,如何在群体游戏里展现自己的独有价值。如果一定要总结出一条通关法则,我觉得是求生欲。不论案例多棘手,竞争者多强大,只要不自乱阵脚,就一定可以找到自己擅长的角度和位置。是不想被淘汰的决心,赋予了一个人外显的定力与气场。

群面中究竟有哪些角色?

所谓角色,就是定位,用一个流行的说法,就是你在这场面试中的人设。人设玩得好,是你能通过塑造强烈的个人风格让人过目不忘,同时又不让人觉得你在刻意经营它。不设计,则不清晰;过于设计,则不高级。比如,一个真正厉害的领导者,在姿态上不会太争抢,但实质上,又能够靠个人魅力和个人能力凝聚所有人。

以下这张表格，是我对群面中所有常见角色的总结：

群面中的角色分析表

序号	名称	风险指数	出众指数	综合评价
1	计时员（Timekeeper）	★	★	高级感弱，存在感强安全牌
2	领导者（Leader）	★★★★★	★★★★★	综合要求高，容易出众，存在风险
3	首言者（Starter）	★★	★★★	讨巧的角色，容易上手
4	批判者（Critic）	★★	★★★	高风险，最容易表达个性化观点
5	支持者（Supporter）	★	★	难度低，但可以获得好感
6	记录者（Recorder）	★	★★	适合弱观点性，较强总结性选手
7	点子王（Innovator）	★★	★★★★	天赋型选手，思维敏捷
8	总结者（Summarizer）	★★★	★★★★	控场型选手，成熟
9	呈现者（Presenter）	★★	★★	强语言组织，强心理素质

（1）计时员，风险指数一颗星，出众指数一颗星

计时员是一个比较机械的角色，没有太多技术含量，说白了，谁都可以当。所以我的经验是，当你有足够的见解和信心时，大可去选择一个风险更高、收益更大的角色。但如果你发现在场绝大多数人的气场都要强于你,而且是录取率偏高的群面中,那请在最开始就毫不犹豫地提出要当计时员,这样你即使成不了最出众的那一个,也至少不会成为完全开不了口的那一个。

计时员有一种强烈而呆萌的存在感。另外,计时员还有一把宝剑,角色本身的功能可以从一定程度上弱化和掩盖你打断别人说话的行为。但是这一点要谨慎使用。

(2)领导者,风险指数五颗星,出众指数五颗星

领导者是所有角色中对面试者的综合素质要求最高的一个,一般来说需要你有清晰的思路、流利的表达、较强的气场和优秀的临场应变能力。一旦发挥成功,领导者在 80% 的情况下都会成为最出众的那一个,但是如果没有把握好,也最容易适得其反。我的建议是,如果你面试经验丰富,控场能力较强,那么不要害怕,勇于担当,毕竟领导者会给人一种能者多要的感觉,对你的能力有天然的加成作用。但如果场上有两个以上的人想争抢这个角色,这个时候不如退而求其次,去当第二领导者(Second leader),如果你真的有水平,第二领导者同样有很大的发挥空间,同时还会显得你很大气。

(3)首言者,风险指数两颗星,出众指数三颗星

首言者,即第一个发言的人,通常会承担三个功能:分配时间;分配任务;第一个表达观点。分配时间和任务是最容易上手的领导力技巧,很大程度上可以公式化(一般来说是 10 分钟各自表述,20 分钟讨论,10 分钟总结),但只要你是第一个说出这个公式的人，就会显得特别有大局观；另外，第一个表达观点可以防止你的观点已经被前面的人说完了的尴尬。所以，首言者是一个很讨巧的角色。如果你是一个控场能力中上等而见解能力中下等的领导者，打一个"领导者+首言者"的组合牌就是一个非常扬长避短的选择。这个角色的风险在于，把握不好的话会显得来势汹汹、操之过急，从而不太讨喜。

（4）批判者，风险指数五颗星，出众指数三颗星

批判者是表达不同意见、制造冲突的人，风险很高。我的经验是，只有在以下两种情况下才值得去尝试批判者的角色。第一，你所持的不同意见的角度非常新颖，或者在深度上可以高出其他人一个维度，你基本上有把握达到掷地有声的炸裂效果；第二，是把批判者当作一个技巧性角色。什么意思呢？当你在进行到半场的时候还没有明确的定位，甚至还没有开口说一句话，这个时候选择跳出来做批判者能迅速帮你建立存在感和全场关注度，如果你有两把刷子，那么这会成为你的反转时刻。但如果你本身能力平平，这种关注度会反噬你，也就是在原本的状态下，再减分，所以要非常小心。

（5）支持者，风险指数一颗星，出众指数一颗星

当你在群面中遇到了"死亡之组"，就是所有人都非常强的时候，你也不要放弃，不一定没有赢面，你可以争做一个优秀的支持者，尤其是群面中发生激烈的观点碰撞时，支持者能够有效地柔化场面氛围，甚至起到打破僵局、推进流程的作用。你要相信，每一个人都希望自己的观点被鼓励、被肯定、被夸奖，你不要觉得去说

"我很同意你的观点"或者"你讲得真好"这样的话可有可无,其实作用很大。你的善意会被记住,很多厉害的领导者会有意识地给支持者更多的表现机会。一般来说,同时承担"计时员"和"支持者"两种角色是比较常见的一种选择。

(6) 记录者,风险指数一颗星,出众指数两颗星

如果面试的场上有立着的白板或者白纸,这也许是一种暗示,就是你们可以有一个记录者,如果你写字刚好又快又漂亮的话,记录者也不失为一个很好的选择。记录者因为大多数时间都在写字,可能会比较难插上话,但视觉上会有一种存在感,每个人表达完都会朝你看一眼,希望自己的观点被记录。如果你同时拥有不错的提炼总结能力,打"记录者+总结者"的组合牌不失为一个好选择。

(7) 点子王,风险指数两颗星,出众指数四颗星

点子王是全场思维最敏捷、最活跃、最有创意的人。其他角色都可以通过刻意在短时间内大力提升,唯独这个角色真的需要天赋和知识储备。如果你是"强控场+强见解"选手,打出"点子王+领导者"的组合牌,基本上就是王炸。但作为点子王,你可以思维发散,却不能过度发散,更不能陷入自顾自的自嗨发言。

(8) 总结者,风险指数三颗星,出众指数四颗星

面试界有一句广为流传的话:"最厉害的不是第一个说话的人,而是你说了话之后,别人不敢再开口的人。"前面其实有提过,如果你是"弱见解型"选手,你应当有意识地尽量让自己先发言,表现出"积极、开朗、自信"的个性特征。但如果你是一个思维远比同

龄人成熟的高阶选手，那么你应该争做一个既能从观点、贡献各方面总结全场，最好还能把小组讨论在最后拔高一个层次的总结者。这个角色要做得出彩，靠的也是平常的日积月累，不是一朝一夕之功。

（9）呈现者，风险指数四颗星，出众指数两颗星

一般来说，群面的最后都会要求做一个简短的 presentation（陈述，报告）。很多人都喜欢去抢这个角色，尤其是觉得自己前面发挥不够好的人都指望通过最后的呈现扳回一局，但其实这个角色的风险是很高的。第一，你不是在为你自己，而是在为全组展示成果，不要想着把你前面在讨论过程中没有表达出来的观点统统放在这里说；第二，这个角色对快速的语言组织能力要求非常高；第三，呈现者如果发挥得好，大家的普遍直觉是全组共同努力的成果，如果发挥得不好，个人的失误会非常明显，这个微妙的收支比希望大家能有所感觉。当然啦，如果你本身就非常擅长做 presentation，这个角色会是你展现自我的好机会。

我的经验是，如果你在之前的讨论中已经是"浓墨重彩型"选手（比如领导者、总结者），就不要再去当呈现者，应该把机会留给前面来不及表现的面试者。不要恋战，既然你之前已经展现了能力，在最后，就请你展现情商与善意。

哪些角色适合打组合牌？

在一场群面中，你当然可以同时承担两种，甚至两种以上的角

色。只是有的角色之间天然相辅相成，而有的角色之间却略有冲突。以下是我推荐和不推荐的一些组合牌打法：

建议组合牌列举：

组合牌1：领导者＋首言者（强控场型＋弱见解型领导者）

弱见解，即你的观点比较普通，你试图切入的角度也和绝大多数人一样，如果你一开始没有发言，那么你的观点极有可能先被别人说了，这当然是风险和弱点。但恰巧你又有一个优势，即你的控场能力比较强，这个时候你去做"开场型领导者"就是最为扬长避短的选择。

组合牌2：领导者＋点子王（较强控场＋极强见解型领导者）

群面中有一个小技巧，如果你的观点越平凡，越要尽量靠前说，以免轮到你时你想说的已经被表达完了。而如果你的思路是独到而精彩的，就尽可能靠后说，只有让普通的观点先出来，你的观点才更显精彩。

所以如果你的见解能力很强，可以考虑不做开场者，而是到了需要转折的时候，用思维能力而非控场能力去承担好领导者的角色。

组合牌3：领导者＋总结者（极强控场＋极强总结型领导者）

这应该是所有组合牌中对面试者的综合素质要求最高的一种。领导者当然需要具备控场能力，而对"终结式领导者"的控场能力要求尤其高，因为所有的话题会在你这儿收住，究竟如何呈现最终的 presentation 基本也由你带领大家去敲定。

如果你能把这张组合牌打好，那么在整场群面中的排名应该是非常靠前的。

组合牌 4：计时员＋支持者（友好型安全牌，适合淘汰率低的群面）

当其他选手都非常强势、善于表达的时候，选择一张友好型安全牌也不失为一种差异化谋略。如何有态度地去支持别人，如何让大家具有时间把控意识又不在过度催促下变得紧张焦虑，不同的人去当计时员、支持者的水准也会很不一样。

组合牌 5：记录者＋总结者（总结型、贡献型选手）

记录者的责任在于记录大家的发言，在一定程度上可能会局限个人观点的表达，但会有一种比较强的贡献感。在自由讨论的时候，大家的状态是发散的，逻辑是稍显混乱的，语言也会有很多来来回回重复的地方，如果具备很好的总结能力，能提纲挈领地凝练语言、清晰化逻辑，那这也会成为非常出彩的一张组合牌。

不建议组合牌列举：

组合牌 1：计时员＋记录者（顾此失彼）

计时员重点关注时间和流程本身，记录者重点关注内容，两个角色一起承担的话，很容易顾此失彼，哪个都做不好。

组合牌 2：领导者＋批判者（略有角色冲突）

领导者最重要的是凝聚力量，而批判者最重要的是独树一帜，两者之间略有角色冲突。当然不是说领导者不能反对别人的观点，但最好不要做最标新立异的那一个。

组合牌 3：领导者 + 呈现者（个人发挥过多）

领导者已经是比较浓墨重彩的角色了，再当呈现者的话，个人发挥有点多，可能会影响到其他人的发挥空间。当然也要具体情况具体分析，比如你明显是最适合、最愿意的一个，那也未尝不可，团队能否完美地完成任务当然是最重要的。

如何选择适合自己的群面角色？

基本原则是，选择与自己性格最相符、自己最能够驾驭的角色。

首先，在绝大多数的面试选拔中，能力维度高于性格维度。越是成熟、优秀的企业，越看重员工在各个层面上的多样性，越不会对某种性格有特别的偏好。

放在群面的情境里，以满分 10 分来计算，同样是领导者角色，能力强的可以是 9 分，能力弱的则只有 5 分；同样是计时员，优秀的计时员能够精准把握节奏，提醒时间的同时根据场面变化安抚情绪，甚至有能力去均匀每一个人的表达时间，在时间、进度上的完美把控甚至有可能让他成为一个隐性领导者，而 5 分的计时员，只是机械地在提醒"还有 20 分钟，还有 10 分钟……"，甚至可能生硬地打断正在说话的人，与整个场子毫无契合感。重点从来不是你扮演的到底是计时员还是领导者，而是你在你的角色上做到了 5 分还是 9 分。角色无高低，能力才有高低。

所以，在进行群面角色定位时，一定要从最能够发挥自己性格优势的从内到外的角度，而不是"这个企业会偏爱什么角色"或

"什么角色会更突出"这种从外到内的角度选择。

那么,具体怎么根据自己的性格来选择角色呢?请看下图。

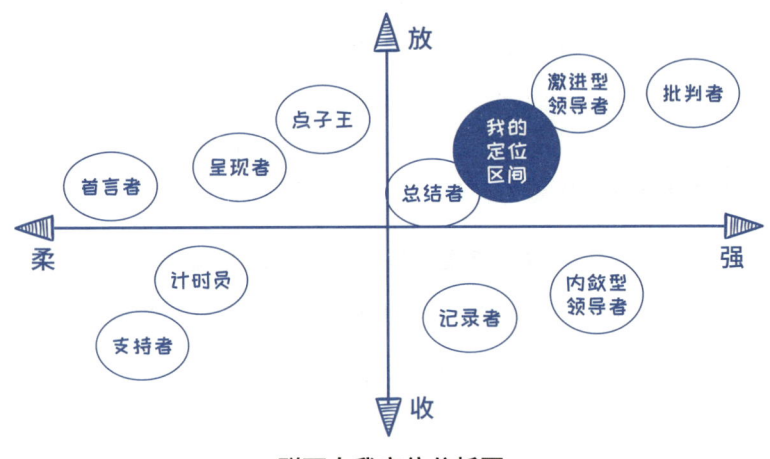

群面自我定位分析图

注:强(自信、野心、控制);柔(温和、中性、支持);放(表达、活跃、发散);收(观察、成熟、内敛)。

拿我自己打比方,我的特点是语速和思路都很快,擅长想框架,控场能力强——落在如图的实心圆区间,所以我一般的角色是"激进型领导者""总结者",有发挥余地的话,会打"领导者+总结者"的组合牌。这种清晰的个人定位会在最开始就让自己很有信心,而且随着一次次的练习,基本上可以做到对自己本就擅长的角色驾轻就熟。一般到了这个时候,所有的面试对你来说就只是一场轻松的游戏了。

以下是两条微调原则：

1. 根据行业与企业风格微调。

2. 根据当场面试者的性格临场微调。

第一条微调原则，在不违背自己的性格底色的原则之下，根据企业的风格微调。这点审时度势的本领还是要有的，比如你的进攻性可以表现在 7~10 分的区间，那么你在偏狼性文化的企业可以大胆释放，表现为 10 分；而在羊性文化的企业，点到为止，表现为 7 分即可。

第二条微调原则，根据当场面试者的性格临场微调。其实我在很多场面试中都遇到过非常有气场的面试者要和我争抢领导者的角色的情况，我都分别做了不同的处理：

（1）如果案例方向是我擅长的，我笃信我的观点有足够多的亮点，一旦有人想要跳出来抢领导者的角色，我会马上拱手让人，甚至会帮助对方巩固领导者的位子。我会转到点子王和呈现者的象限。因为我相信我的见解本身足以让我表现突出，再加上"让步""帮助他人巩固"等行为可以赢得全场好感度，进行二次加成（但注意，如果你没有一开始跳出来想做领导者再退让的过程，就不会有这层加成作用）。

（2）如果我既不熟悉案例，观点也很普通，这时我会通过眼神、语气等因素迅速观察其他人的特点——如果对方气场比我强，那么我会退做第二领导者。第二领导者需要时时集中注意力，一旦领导者没反应过来，就可以跳出来控场，救人于危难也会让人印象深刻；

如果明显自己最有能力当领导者，不用退，可以引导其他人去当第二领导者。

写在后面

群面是以合作的形式去完成一场实质的竞争，相互配合、气氛融洽很重要，但也不要太过害怕有冲突的局面。就像矛盾冲突是戏剧最大的魅力，面试官其实会看很多场，所以制造一点小插曲会让他们更有兴趣。但你不要为了制造而制造，是你们的确有这个需要，观点的辩论和角色的抢夺都没有关系，但是整体呈现出的气质还是要不卑不亢。

有人认为，在群面中不应该想太多关于角色的问题，不要给自己设置框架，应该随机应变，自由发挥。这种观点其实没有错，但是所有的"自由发挥"都是建立在一定的思维框架之上的。最高的境界自然从来都是手中无刀，而心中有刀。

压力面试的底层逻辑

我是真正经历过压力面试的。

快消品牌的管培生选拔,已经进入最后阶段。这是一场多对多的面试,没有红脸白脸之分,三个面试官通通唱白脸,问的问题明显超出了应届生的知识能力范围。

当时坐在我旁边的男生第一个被提问,他十分诚恳地承认自己对这个问题真的不太了解。其中一个面试官毫不客气地说:"如果你是在客户面前呢?你代表的可不是你自己,你代表的是公司。直接一句'不了解'就终结谈话了吗?"

我们反应过来了,他们是想考核当这个问题你不够了解的时候,你能多大程度地保持淡定和自信,尽可能去说出一些东西。

在压力面试中,面试官是不可能通过眼神去鼓励你的。每一句话说完都凝结在空气中,没有人接话。所以每一句话说得好或不好,都不得而知。表达最害怕的就是收不到任何反馈,但你要克服这种心理压力。

最后一个环节最令大家痛苦。面试官对我们五个人说:"现在你们每个人要说出刚刚表现得最好的一个人和最差的一个人,并给出理由。不允许选自己。"

当时我们五个人的表现并没有明显的高低之分,要当面评价彼此,尤其是给出负面评价,这实在是太难了。有一个女生吞吞吐吐很久，面试官直接对她说："你不用说了，你已经被淘汰了。"

实话讲，当天我经历完这场面试，内心是非常不舒适的，我不明白为什么一定要以这样一种方式。难道其他方式测不出我们的水平吗？那个时候我觉得压力面试更像是一场作秀。我甚至觉得特意刁难面试者，使他们感到窘迫，是一种不太尊重人的行为。

当然我现在理解了，在真正的工作中，尤其是那些比较对外的工作，你要面对的人和事的复杂程度超乎你的想象，意外情况的发生就是一种常态。不论怎样被质疑、被挑战、被问责，最重要的就是不能失态，更不要哭鼻子。

压力面试并不是想去测试你的专业知识水平，而是你的抗压能力。能时时刻刻保持情绪稳定是一个职场人最大的美德，也可能是一个职场新人最大的优势。

总的来说，压力面试就是面试官会通过一些难度很高，故意让你感到不舒适的问题来制造紧张。段位比较低的压力面试会让你很容易识别，一旦你觉察到了这是压力面试，内心就会淡定很多；段位比较高的压力面试，可能在最开始的时候是和颜悦色、相聊甚欢的，但会突然把压力问题抛出来，以测试你在一种惊慌失措的情境下能否冷静应对。

要想在压力面试中做到不卑不亢，我总结出了以下的一些要点：

要对"压力面试"和"压力问题"有快速识别的能力

一般来说，公司的面试官都是专业的，他们也明白自己是代表公司的形象来面试应届生，所以一般不会出于个人的喜好或情绪问题来对你"恶语相向"。当你发现面试官有以下这些行为的时候，你很可能正在经历一场压力面试：

1. 连续追问，对你的每一个回答不断地刨根问底，试图问到你能力和情绪的边界。

2. 故意不耐烦地打断你的发言，用比较重的语气反问你的回答。

3. 不给回应，保持沉默，试图使气氛尴尬。

4. 做出一些具有消极暗示的微表情和动作，比如说，当着你的面叹气、摇头、皱眉等。

压力面试中你说的内容不重要，重要的是你应对的神情态度和话术

如果真的是一场压力面试，只要你从头到尾都表现得非常从容、自信，你基本上就已经赢了。问题没答上来，或者答得好不好都不要紧。如果你能理解这一点，你会发现压力面试其实比专业面试的难度要低。你只要撑得住，场面不要垮，就算成功。

具体来说，有以下的一些小技巧：

1. 无论如何，保持微笑。微笑是很神奇的，在任何时候都可以起到软化的作用。

2. 转移话题。在压力面试中要善于自己给自己找台阶下，而不是期待对方给你台阶下。

3. 越是尴尬或窘迫，越要逼迫自己真诚地盯着对方的眼睛看。直视对方的眼睛，在任何时候都是一种自信的表现。

善于拨去面试官给问题套上的看起来很吓人的外壳，找到问题的本质

比如，我之前在一场面试中，面试官连续抛出十几个完全超出我的知识水平的金融专业词汇让我解释，其中大部分我完全没听过，小部分也只是听过。我对自己的课业水平还是有信心的，所以我很快断定这应该是属于刻意超纲的压力问题。面试官并不是真的想听我如何去解释这些名词，而是想看当别人抛出你不知道的问题的时候，你的反应是否沉着、冷静。我当时的回答方法是：

（1）**对于完全没听过的词汇：**这个我不太清楚，但我知道××模型似乎与其类似（解释我知道的模型），或许它们相关？

"这我不太清楚"——诚实地表达态度，但不用显得太紧张或太窘迫；

"但我知道××模型似乎与其类似"——不要因为对方问的问题你完全不知道就关闭话匣子，尽可能从你的头脑中搜集可能相关的知识点予以应对，同时也可以顺便展示自己的优势话题；

"或许它们相关"——礼貌地互动，把话抛给对方。在一种压力测试下，依然愿意与面试官互动是一种自信的表现。

（2）**有点耳熟和听过的：** 这个概念我不太熟悉，但我可以尝试着说说自己的理解……

先表明"这个概念我不太熟悉"，这是一种预期管理，表示你接下来所说的话可能会不准确。在不熟悉的情况下依然大方去表达自己的见解已经彰显了自信，你接下来说得或对或错都不是很重要。

很多时候，问题的本质就是认知，当你能理解压力面试的底层逻辑，就不会苦于亦步亦趋的面试节奏，你完全可以在心理层面去主导它。

问出一个高质量的问题

如果你参加的是一对一的面试,面试官通常都会在最后说,"你有什么问题要问我的吗?"首先也确实是为了互动,另一方面,问问题本身也是一种能力,能够借以了解面试者的思考边界和思想深度,以及他内心最在意的东西是什么。

很多时候,会问问题比会回答问题更重要。回答问题通常是给信息、摆观点,而问问题的人才真正主导了谈话的主题与框架。

虽然我们从小被教育要不懂就问,但这明显只是在鼓励小学生的好奇心和培养他们问问题的习惯。但是,问问题的水准存在客观高低。作为一个成年人,不管是在面试抑或是其他场合,都应该以"问出一个高质量的问题"作为自我要求,如果只是一些无聊的泛泛之问,还不如保持沉默。

问题本身能够显示你已经有了一定的前期思考

有一个词叫"伸手党",说的是不想费工夫去搜索,任何资源和问题都想依赖别人的劳动去解决的人。我有一位朋友跟我说,他博士研究团队里有两名同学,经常在微信里问他一些诸如"要怎么进行视频剪辑""这个软件怎么用"等问题,他最后制作了一个自定义表情"百度——第一条——照着做"来统一回复。显然,伸手党是大家都不想去合作的对象。

而"伸手党"式的问题,就是质量最低的问题。比如:

"ACCA 的考试有几门,我要考的话怎么考?"

"比特币是什么?"

"四大会计师事务所认可的证书有哪些?"

这些明显的信息类、定义类问题,通过互联网便足以解决。如果你随口问出的都是"伸手党"式的问题,就证明你对这次问问题的机会并不足够珍视,严重点说,其实也是对被提问者不够尊重。

一个好问题,一定不会是在你脑子里什么都没有的状态下脱口而出的,想到哪就问到哪的问题。只要这个问题是你真心想问的,你一定会做最起码的努力和了解。所以,当你问别人的时候,你必然已经有了一些思考铺垫了。比如还是上述问题,但如果你会这样问:

"ACCA 的 13 门考试我一定要按着顺序考吗?"

"你觉得比特币的本质是一种资产还是一种货币?"

"四大认可的财经证书都是这些吗?各条业务线是否有细微不同?"

提问者显然对于这些话题不是一张白纸的状态。当然,虽然这些问法已经在最初的基础上更偏观点导向,也更细节了,但这些东西依然可以在互联网上找到答案,所以严格意义上来说,依然不是一个质量很高的问题。如果你的前期思考和调研更多一点,你的问题会再一步进化:

"把有重复知识点的科目放在一起考,看起来更轻松,但会不会因为各个科目切入的角度不同,反而在备考的时候模糊对这些知识点的理解?"

"从有些国家的税收政策来看,比特币被当作一种资产而不是货币来处理。究竟是作为一种数字货币还是数字资产更有利于比特币本身的发展呢?"

"对于这些受认可的证书,我是选择一张知名度更高、大家都在考的,还是相对冷门的,会更有利于我的职业发展呢?"

最后这些问题明显让人感觉到,你对相关问题的思考已经比较充分了,只有这样才能最大程度地激发被提问者想要与你交流的欲望。

把上述三次问题的区别总结一下,如以下表格所示:

提问质量等级表

问题类别	段位	特点	被提问者的任务
"伸手党"式	低	信息类问题,网上搜索即知,人机交互即可实现	科普
观点式	中	有一定的观点性,但也可通过论坛或社交网络得以解决	简单表达
强观点式	高	观点性极强,颇具思考深度,一定要与人交互才可以实现	展现被提问者的水平

问问题的态度很重要,但这个态度远不止说话的时候要谦虚、

礼貌那么简单。问题本身要有质量。你为问这个问题准备了很多，才是对被提问者最大的珍视与尊重。

但是，要注意不要走向另一个极端，即通篇的问题表述都是在展现你自己对这个问题的理解，最后的落脚点又非常没有分量。这种"炫技"的问题会让人觉得提问者不真诚，所以也不是一个高质量的问题。

问一个可以被回答的问题

有的问题虽然不能在网上找到答案，但如果它不具备可被回答性，那自然也不会是一个高质量问题。比如：

"到底出国还是考研？"

"到底是进大公司好还是小公司好？"

"究竟是应该留在北上广深的一线城市，还是回老家？"

"如何平衡工作和生活？"

我相信无论是谁被问到这种问题，都会在心里默默地翻个白眼。因为这样的问题真的无从答起。想要这样的问题具有可回答性，有以下两种方法：

第一种，给出更多的细节或关于你个人的描述，比如：

"我拿到的 offer 分别是大公司的财务岗，比较流水线的工作，以及一家刚刚拿到 A 轮的创业型公司的管理岗，哪个对长期职业发展来说更好？"

第二种，问对方为什么会做出这个选择，把对方选择自我道路的思路作为参考点供你借鉴是可行的，不要让对方承担为你做决策的压力。比如：

"你当时为什么选择出国留学，你是怎么考虑的？"

还有一些过于宏观的问题，其实也不具备可回答性，比如：

"你怎么看待中国经济的发展？"

"你怎么理解中美贸易战？"

"什么叫职业成功？"

这样的问题也不是一两句话能说清楚的，因过于宽泛而让人无从答起。

问的问题要符合当下的场景要求

问问题是一种互动交流，它发生在一定的语言环境里，因此在问出问题之前一定要在脑子里过一下：对方是不是愿意在这个场景中被问到这个问题？

比如，你去听一场大型论坛，演讲嘉宾发言完毕后的问问题环节，应该怎么问呢？首先你要知道，这个问题发生在公共场景之下，一方面，要考虑被提问的演讲者，另一方面，要考虑在场的其他听众。我自己的做法是，在听演讲的过程中用力感知主讲人的优势话题和优势观点，哪些东西他还可以表达和延展得更多，通过我的问题把这些东西带出来，这样被提问者会开心，场子或许也会因我的问题而变得更加热烈、融洽。另外，要尽可能地问一个在场绝大多数人都感兴趣的话题，公开提问就是公共表达，不要只为自己而问。

落到面试的环境里,你的身份是面试者,对方的身份是面试官,彼此都应该展现自己最职业的一面。我遇到过一些人格魅力很强的 HR,他们经常说:"没关系的,随便问什么都可以。"你会有一瞬间觉得你的挚友就坐在对面,真的想放飞自我聊点别的。但这显然不行,问的问题依然要跟专业、职业和行业有关,永远头悬一根线,知道自己在什么场景中,这个问题究竟为什么而问。这才是稳重、成熟的做法。

第一印象管理法则

和很多创业公司的 CEO（首席执行官）聊招人，大家都说，从应聘者走进房间到坐下再到开口说话，基本上在头三分钟就已经判定要不要这个人了，接下来的时间都只是在验证自己想法的正确性。

尽管这并不公允，但这种"第一印象"带来的主观性却很难克服。如果头三分钟你给人的印象是 90 分，在之后的表现只要不掉到 70 分以下就没有问题；但如果头三分钟给人的印象是 70 分以下，之后的表现除非惊艳到 120 分以上，否则就没戏了。

尤其对于创业型公司或大公司里的非程式化岗位来说，"这个人的感觉对不对"可能比硬性指标（如学历、证书、相关经验）等更重要。越是这样，第一印象的影响就会越大。

"第一印象管理"是一种意识，是一种留心每个细节并让自己永远可以一秒钟进入状态的能力。面试中树立"第一印象"的关键点，我觉得有以下几个：

简历与求职信

在你走进房间之前，你的简历早已摆在面试官的桌上。面试官最先接触到的并不是你本人，而是这一纸简历。所以写简历从来都要心怀两个目的：第一，如何让简历通过筛选，获得面试机会；第二，一旦通过筛选，如何在入围简历中显得更有特点和差异化，给面试官留下更深刻的第一印象。

显然，绝大部分人都只盯着第一个目的下功夫。到了面试那一步的时候，面试官手上攥着的简历都过了基本门槛，教育背景和相关经验不相上下，出现错别字这种低级错误也都不大会有了。那你怎么确保面试官对你的简历有更好的第一印象，或者怎样激发他迫不及待地与你沟通的欲望呢？

这需要费一些额外的心思。比如，大家都会在"实习经历"中介绍自己整理了什么资料，草拟了什么报告，参与了什么项目，这些都是基本的。但如若你能在某段实习经历的最后写道——"每天早上负责帮全组 20 余位同事买咖啡"，就会让人觉得特别有意思且特别真实。或者你在"兴趣爱好——电影"后面接一句"知乎电影大 V"，就会让面试官迅速想跟你聊一聊。

在校招中，求职信不常用，尤其是大公司的校招，网申和筛简历的过程相对程式化。但是，如果你是去面试创业型公司，或者是有了一些工作经验后去面试一个并不"量招"的管理岗，求职信就比较重要了。求职信是对你个人最重要的经历和能力的文字版介绍，它可以是模式化简历中最高光部分的延展描述，也可以是简历中没能提到的内容的补充说明。我从四大离开之后的转行、创业，基本上都是凭借着一封求职信去撬开各种事业机会的大门，这种更个人化的东西自然比标准的传统简历更能体现一个人的风格与水平。

不管是简历还是求职信，都先于你本人出现在面试官面前，自然就构成了你在别人大脑中的初步印象。

穿着

有一句广为流传的话——"You are what you wear（你就是你所穿的）"。这个效应一般随着彼此对话的深入而逐步递减。也就是说，穿着效应通常在两人碰撞第一眼的时候是峰值。面试中的穿着有以下两条原则：

第一，求稳，而不是求新。

想通过在穿着上的搭配来显示自己的重视和用心也好，还是让自己更有辨识度也好，都是好事儿。但一定得保证得体、适合，如果没有把握，这一点点的"求新"宁可不要。

比如，我遇到过女生在黑色西装下穿豹纹衬衣的内搭，放在生活中是非常时尚、干练的，甚至如果已经工作了，大家认识你这个人了，这么穿问题也不大，但在面试中却会显得有些跳脱，面试穿着的严谨度应该要比真正工作时更高。

同时，面试中也不太适宜佩戴太过吸睛的首饰，比如夸张的耳环或闪闪发光的戒指。当你讲话时，最重要的是让面试官关注你本人和你讲话的内容，所以，会分散注意力的配饰在面试当中都是减分项。

总的来说，如果面试官一眼扫过去，一下子就因你的穿着注意到你了，这说明稍微有点用力过猛或标新立异了。最好是稳中有戏——黑白灰的套装，搭配比较精致的胸针、纽扣或手表，乍一看看不出太多，仔细看的时候却有亮点。

第二，宁愿穿得过于正式，也不要穿得过于随意。

大多数企业在面试的邮件里会写对着装的要求。如果写的是"商务正装"，这个是所有着装分类里最为正式的一种，一般来说，男士要佩戴领带，女生也要穿西装的裙装或裤装套装，不要穿无袖，更不要穿露脚趾的高跟鞋；如果写的是"商务休闲"，则可稍微随意一些，女生穿净色或不过于花哨的连衣裙，男士单穿白衬衣都是可以的。不过男生千万不要把短袖衬衣外穿，理论上短袖衬衣是作为西装的内搭，位同假领，是不能单独外穿的。

而当你不确定究竟选择商务正装还是商务休闲风的时候，尽量往隆重了穿。穿得过于正式倒不是什么大问题，但如果穿得比别人都要更随意就会非常不合适。

这里有一个小技巧，女生可以里面穿无袖的黑色或蓝色连衣裙，外带一件正式的西装外套。不穿外套时会比较随意一点，西装一穿就会立马正式起来。

仪态/神态/状态

我们常说，看一个人主要是看其整体感觉。所谓整体感觉，就是跟长相与穿着无关的一个人的仪态、神态、状态，是一种看不见摸不着的东西，是一种氛围。

所谓仪态，是一个人形态上的站、坐、行，我在面试别人的时候，特意观察过大家从推门走进来到站定再到落座的一整个过程，这一系列的动作和之后的面试表现绝对是正相关的。行走不疾不徐，不要毛毛躁躁；站着的时候肩膀要打开，腰要挺直；面试时的正确坐姿应该是只坐在凳子前三分之一到二分之一的地方，不要坐满，更不要跷二郎腿。

神态主要是一个人的表情管理，这是可以对着镜子反复练习的，比如空姐的八颗牙齿的标准微笑就是咬着筷子强化训练出来的，即使她们内心有愠，表情也依然可以是令人愉悦的笑颜。面试的表情管理主要就是一个字：稳。即使面试官对你赞赏有加，也不要太过喜形于色，不要大笑。虽然很难绝对控制，但只要你有表情管理的意识，所有的表情幅度就会在原本的基础上小很多。

状态则是整个人呈现出的元气，尤其对于应届生来说，是不是给人一种浑身上下朝气蓬勃的感觉非常重要。这个跟心态、体态甚至生活作息都相关。尽量在面试之前保证充足的睡眠和合理的饮食，切忌熬夜。知道什么是自己的最佳状态，并且能够在任何的关键时刻把自己调整至最佳状态，这是所谓"临场能力"最重要的一部分。

自我介绍

不论是群面、单面还是多对多面，大概率都逃不过自我介绍的环节。我一般会准备四个版本（15秒、30秒、1分钟、3分钟）的中英文自我介绍，以灵活应对各种面试场合。在我需要对着镜子练习表情和仪态时，我一般会选择反复念自己的自我介绍。无数遍下来，我的自我介绍早已形成肌肉记忆，无需过脑，任何时候都可以以最好的状态脱口而出。

通常，自我介绍都会发生在最开始你对周围的环境还不够熟悉，或者你内心的紧张还没有平复的时候。所以，自我介绍必须非常熟练。自我介绍说得好，会把你自然地带入一个更自信的状态，反之则反。

总的来说，面试中的第一印象＝优质的简历＋得体的穿着＋落落大方的仪态状态＋开口掷地有声的自我介绍。

与面试官换位思考

当我还是一个被面试者的时候,我一度觉得自己特别会换位思考,比如我会根据面试官的微表情及时调整话题方向,或是有时故意把梗抛给对方,让面试官也进行一些发挥和表达。这一点和聊天同理,会聊天的人,从来都不是因为自己的故事讲得多精彩,而是因为善于让对方表达,或者能够精准地讲出对方想听到的话。

后来,等到我开始大量面试别人时,才意识到从前那些关于"换位思考"的小伎俩是很想当然的,同时也让我对"换位思考"本身有了一些新的理解。换位思考,顾名思义,是假设把我置于对方的处境中,我会如何思考,会有什么样的感受。这是一种臆想能力,或者说,同理心。但事实上,只要是臆想,就一定会发生偏差。唯有真实的体验,即把你真的换到对方的角色里,才能弥补这些臆想的不到位。

真正换位思考能力强的人,并不是那些臆想能力或理解能力强的人,而是人生体验丰富或一直有意识地让自己去尝试更多角色和身份的人。一个会换位思考的老师,一定用心当过学生;一个会换位思考的演讲者,一定用心当过听众;一名有受众思维的创作者,一定用心体验过生活。

直到我自己做面试官的时候,我才真正体会到面试官想要的究竟是什么。

给面试官可证伪的信息

对面试官来说，面试的失败，从来都不是招不到人，而是招错了人。比如你在面试的时候告诉我，你特别喜欢这个行业，结果不到三个月就转行；比如你当初说自己很能吃苦，结果抗压能力根本不行。

不得不说，只要素质稍高一点的面试者，都会不自知或自知地带上"我究竟要怎样表现才能拿到这份工作"的思路去回答问题，其中难免会有表演的成分。面试官为了提高自己选人的准确性，必须试图剥离掉这层表演滤镜。所以，如果一名面试者说的话特别实打实，不让面试官产生一点点"他究竟说的是真是假"的心理纠结，他就是一名优秀的面试者。

好的，逻辑稍微有点绕。来举个例子。比如，你想表达你对某行业的喜爱和热情：

空洞版： 我真的非常喜欢这个行业，我只投了这个行业的简历，我有非这个行业不进的决心！（点评：任何人都可以说出这句话，所以对面试官来说毫无参考价值。）

表演版： 我非常喜欢这个行业，我从大二起就持续关注你们公司的官网与微信公众号，加入贵公司一直在我的梦想清单里。（点评：依然是任何人都可以说出的话，如果加上几句你历年关注下来的心得，可以增强真实度，但也有可能你只是广泛关注各行业而已。）

实打实版： 我非常喜欢这个行业，迄今为止的实习经历都是这个行业的,我也特意认识了在这个行业工作的很多前辈,他们跟我说……(点评:这句话就明显具备了表达门槛,基本可以断定这样的面试者对行业有真正的热情。)

空洞版和表演版的回答之所以不好的根本原因是,面试官无法去证伪。你说你喜欢,发自内心地喜欢,我没有任何方式证明你不喜欢;你说你从大二起持续关注我们公司,我没有办法证明你是不是面试之前突击关注的;但第三句话,面试官马上就可以跟进很多关于实习的问题,或者你认识的人是怎么描述这个行业的细节,很容易判断真实性。

如果面试者全程给出的都是可证伪的有效信息,那面试的效率会非常高,面试官内心的把握度也会很高。而这也从侧面证明了,面试者具备了非常高的素质和极强的换位思考能力。

不要证明你优秀,证明你适合

面试不是做公益,不是公司花费巨大的人力物力去给所有应聘者进行360度全方位考核,然后择优录取。面试的目的是,用最低的成本,招到最合适的人。公司要的不是一名最优秀的学生,而是一名性价比最高的同事。这是应届毕业生站在学生向职场人转变的节点上最难绕过的弯,毕竟从小到大习惯了德智体美劳的全面评价和与考试排名相关的最优考核。但求职和婚恋一样,不是在既定的量化游戏里如何拿到最高分,**是否匹配大于一切**。

道理好像不难理解,但任何事情从"知"到真正做到"知行合

一",还有很长的路要走。依然来举个例子:

"我在很多大公司都实习过,比如××、××、××公司。当时我们团队几乎都是常春藤的背景,由总监直接带队,我全程参与了××公司的海外收购案。"

优秀的求职者,尤其是那些刚刚走出校门的人,想要在言谈间控制住自己那点小小的炫耀欲是一件很困难的事情。这完全无可厚非,面试官也根本不会反感,甚至还会喜欢这种年轻的涩感与锐气。但不会有面试官听到上述这段话就满意得不行,然后就此可以下定论了。他们一定会接着问:"非常好。那你承担了什么角色,为团队做出了什么贡献?"

他为什么会接着问?因为刚刚那段话虽然能引发兴致,但没有击中痛点,没有击中面试官的心。他想听到的是,你做出了什么,你有什么能力,只有关于你的一切,才有可能转换到接下来的工作中,这才是面试官最在意的东西。

假如你面试的岗位需要很强大的信息搜集能力,那上面的表述不妨换成:

"我在××公司实习的时候参与了××海外收购案的前期,当时我负责上下游行业信息的搜集整理,主要包括与行业发展相关的政策、法律法规,以及相关技术的最新发展成果。"

听完你的介绍,面试官马上就可以和你聊这件事情本身——你在搜索信息时的思维框架是什么?你在做这件事的时候遇到过什么困难没有?你是怎么解决的?这样双方能够迅速进入一个频道,这样的交流也最利于面试官准确判断你是否适合接下来的工作。

有人总说，面试要看眼缘，看气场是不是适合，虽然有一定的道理，但事实上也没那么玄乎。对于那些明明很优秀但却拿不到offer的应聘者，其实不一定是因为资质超过了招聘要求，而可能是你光顾着展现你的优秀，没有带着"契合度"的角度去回答问题，从而始终聊不进一个频道里。面试官确实认为你挺优秀的，但内心总觉得有些痒痒的地方没有被挠到，反正还有很多的应聘者，再试试别人吧！于是你就被放弃了。

要让面试官产生"非你莫属"的拍案叫绝的感觉，才是一场成功的面试。做到这样的前提是，你非常了解这个行业、这家公司以及这位面试官的团队究竟需要一个什么样的人。换位思考，绝对不是拍脑袋空着想一想，它要求你能够得到足够的信息源去理解对方。

向面试官发射最直接、最准确的信号

在前两条的铺垫下，把逻辑讲得更直白、更通透一点，就是面试官不想猜，也不想和你绕着弯聊天。假如你能够快、狠、准地证明聘用你绝对没错，这对双方来讲才是一场省力而成功的面试。所以，你讲的每一句话，都要努力向面试官发送最有助他决定是不是要聘用你的直接信号。

比如面试官问，你遇到过的最大的困难是什么，你声情并茂地讲述自己走出失恋阴影的故事并不合适，因为一个人处理感情挫折和处理工作挫折的能力和方式并不一定相关，这个时候你应该主动

直接切入你的学习工作类困难。并且,不要花太多力气去渲染这个困难本身,应该把更多的描述篇幅放在——处在情境中的你,干了什么。因为面试官并不是想知道哪些面试者遭遇过天大的挫折,哪些面试者没有,他想知道的是你的能力和思维方式。不要浪费面试中的任何一个字。

不管遇到什么问题,你都不要被问题本身牵着走,而是要想,如果我是面试官,我问这个问题的目的是什么?然后用这样的思路去回答。面试官只有接收了有效信号时,才会觉得省力,觉得开心。

换位思考除了最基本的臆想和理解能力之外,更关乎人生体验、信息搜寻与表达技巧等。从来没有哪种能力是单线的,任何能力都是立体而纵横交错的。

穿出你的职场风格

穿衣是一个人关于自我理解的最直观的外化体现。找到穿衣风格不但是一门关于了解时尚、建立审美的功课,更是一个不断自我探索的过程。衣服是人的第二张皮,只有适合自己的,才是生动而具有感染力的。

学生时代,我们穿着松松垮垮的校服。胖的、瘦的,好的、不好的,自己满意的、不满意的,一律被塞进这件宽大的衣服里。我们不需要观察自己,更不需要观察别人。那些关于身体发育所产生的萌动和好奇,以及想要通过衣物去展示个性的小心思,都被看作——不必要。好好念书是唯一的正事,其他都是分散精力,不务正业。

我在朋友圈里经常看到有人过生日的配文——"永远18岁"。但我想,我们绝大多数人的18岁,才刚刚从高考的流水线上下来,懵懵懂懂的,对自己适合什么颜色和款式的衣服浑然不知。穿着运动服去大学报到的那一刻还意识不到,今后再也没有统一的衣服可穿,再也没有标准的道路可走。

接下来就是一场不断与自己较劲的拉锯战,想穿深 V 的领子露出脖颈,意识到自己的肤色比一般人黑;想通过连衣裙来修饰腰线与臀部,又担心自己的小腿粗。渴望变美和想要通过衣物来进行自我表达的意识已经觉醒,但与自我的和解尚未达成,这个时候最容易对别人的评价"说者无意而听者有心",也最容易被别人的审美牵着鼻子走。

有的时候我开完会,坐在写字楼一楼的星巴克里晃一晃神,想起当年实习面试,穿着锋利的高跟鞋跑了一场又一场,甚至磨破了脚。当时还是学生,没有毕业,手头并不宽裕,我已经忘了我是怎样在伦敦的哈罗德商场买下价格不菲的包和西装外套。心里的小虚荣只是一方面,我只是觉得大家都是这么穿的,如果不这么穿,就好像配不上我想要去的地方。

如今轻舟已过万重山,现在的我已经非常清楚自己想穿什么,要穿什么,能穿什么。一件衣服我一旦穿上了它,我就一定能够驾驭它。其实,谁没有土过,谁没有怂过,谁没有在闪闪发光的东西前捉襟见肘过。想起过去那些买错的、穿错的,那些仓皇的、窘迫的,其实都来自一个不够通透的自己。

充分理解自己的身体,扬长避短

小的时候,每年暑假妈妈都会送我去上舞蹈班,我的柔韧性并不好,当时为练习劈叉吃了不少苦。多年过去,我的童子功早已一夜回到解放前。但儿时的舞蹈学习给我完成了一项非常重要的启蒙:照镜子。巨大的落地镜,老师让我们昂首挺胸、面带微笑地站着,一站就是二三十分钟。

后来念中学,学习紧张,没有再去学跳舞了,自然也就没有正儿八经的照镜子的机会了。高三暑假去买衣服,店员说,你上身瘦下身胖，是梨形身材，所以穿适当带摆的裙子会很好看。我当时一脸蒙，是吗？我上身瘦下身胖吗？什么是梨形身材？当你对自己的体形完全不了解的时候，连做买衣服的决策都不自信，一定要向别人反复确认自己穿上是否好看才放心，就更别说拥有自己的风格了。

学会穿衣的第一步从来都不是了解品牌与时尚，而是理解你自己的身体。最简单有效的方法便是——照镜子。不管是半身镜、全身镜，家里的镜子还是商场试衣间的镜子，总之，先臭美起来再说，穿着正装要照，穿着休闲装要照，穿着睡衣也要照一照。对自己身体的理解从不限于视觉的部分，也包括通过舞蹈、瑜伽、力量训练和球类运动去理解各部分的机能，感受身体的延展。只有花了足够多的时间去和自己的身体相处，才有可能让自己身体的每一部分，在心理上也真正成为自己的一部分。只有当你真的了解它、热爱它，才会想要情不自禁地展现它。

如果你拥有漂亮的锁骨，就大胆地去穿一字肩；如果你的腿部修长，就多穿高腰牛仔裤；如果你的皮肤白皙，就多穿露肤的服装，展现元气，不要总是担心自己的赘肉。当别人的目光落在你身上的时候，一定会关注你最打眼、最有魅力的地方，所以你的心理权重也应当如此。不要总想着怎样去遮挡你自己不满意的部分，可能别人压根不会注意到。

和很多事情一样，扬长，永远比避短重要。

找准自己的模仿对象

任何的自我创造都是先从模仿开始的，穿衣也不例外。相信我，现在你能看到的在整体穿搭上很有一套，又很注意细节的人，至少都经过了好几年的摸索、学习与尝试。如果你想实打实地学一些可操作的打扮技巧，一定要定位那些可以让你的身形条件和气质类型具备潜力的明星或博主去关注，果断舍弃掉可能会模糊你思路的信息。

拿我自己打比方，在自我审美与自信尚未完全形成的时候，我会尽量避免去关注身材玲珑、五官立体的类型，比如 Angelababy。她们当然很美，但于我没有借鉴作用，由于不具备可成为性，看多了还会莫名对自己产生怀疑和不满意。所以，那段时间我的关注对象全都锁定在"气质型"美女，比如汤唯、倪妮、韩国女星全智贤等，她们或许并不拥有最精致的先天条件，但却凭借一颦一笑的动态和大方淡定的风格拥有了强烈的美女氛围。在树立起对自己的自信之前，先要对自己归属的类型产生自信。

定位好模仿对象之后，就是看，大量看，反复看。看其实不够，还要分门别类地总结整理。如何穿一体连衣裙，如何在西装里搭配蚕丝质的内搭，如何在整体需要低调的时候搭配少许大红色点亮。一般来说，看照片不如看视频，看视频不如看真人，看真人的时候你能看到衣物的材质，以及其三维立体的动态效果。更重要的是，如果是生活中的人，你可以直接跟他沟通相关的穿搭理念，省去了自己观察总结的那部分。

之前,我总是在电梯里遇到一位能把职业装穿出一点点恰如其分的野性的女生,非常有魅力,其本人的身材也是一级好。有一天我终于忍不住了,上前搭讪:"你一定是一位时尚博主!"没想到还真是,她在 ins 上拥有十几万粉丝。后来,她带我到她的公寓里参观她的衣帽间和首饰盒,也是她教会我"女性化单品一定要用硬朗中和""全身有且只能有一个重点""大露永远不及小露"等基本原则,感谢她!

你最想呈现的是什么

落在职场环境中,你的穿搭其实是在为你的个人品牌服务,所以思考的出发点并不是什么样的衣服能让你看起来最赏心悦目,而是你最想呈现给别人的记忆点是什么。

我在四大会计师事务所工作的时候,我的老板跟我说:"你现在有一个问题,作为一个新人你的气场太强了,往那儿一站比你的经理还像经理,这不太好,要收一收。"所以,我需要做的并不是着重去展现职业化和坚定,相反,是如何加入一点青涩、温和的感觉让自己看起来更像新人。那个时候,我最常穿的是一些颜色简洁、稍带学院风的连衣裙,很少穿高跟鞋。

后来转行创业,我每天需要面对年龄远超我的客户和投资人,我的工作经验并不占优势。到了这个时候,我又变成了要借助视觉化呈现让自己更显成熟、老练,不让对方觉得我是小姑娘,要让对方真的看我一眼就相信我是老板,我有决策权。在这个阶段,我开始比较多地选择硬质的西装和裤装,化稍微浓一些的妆。

尽管一个人的外在呈现是无法改变一个人的内核的,但是穿着很神奇的一点在于它能够给予你心理暗示。当你穿一些线条感强的衣物时,你会觉得自己似乎干练了许多;而选择一些女性化的搭饰时,会不自觉地温柔、优雅起来。

通过不断重复形成自己的个人风格

所谓个人风格,就是你留给别人的最强烈的印象。越往后走,你在职场中遇到的人会越来越多,要想有辨识度,让绝大多数的人记住你并不是一件容易的事情。

我一个做公关的朋友说,她本身非常适合穿红色,所以在一些重要的场合,她都会以红色作为自己的标志色。我看过她的衣橱,从浅红、正红到深红,从丝绸、棉质到羊绒,从连衣裙和衬衣到外套和裤装应有尽有,这显然是花了很多心思的。

她说:"你发现没有,我的微信和领英头像,穿的都是同一件红色的衣服。虽然别人不一定会发现你的用心,但是在大家的潜意识层面却可以感知到这些。如果有人看到一身以红色为主的穿搭跟你说,这个很有你的感觉,那你的风格塑造基本上就成功了。"

形成风格的第一步当然是找到自己最适合的东西,但仅是这样还远远不够,还要在日复一日的外在呈现中,去不间断地呈现属于你的标志性要素,通过重复来形成自己的个人风格。

穿衣重要，但没有你想象中那么重要

最后讲一个小故事。

之前，有一个比较熟络的小妹妹要入职。她很认真地看了一大堆类似"时尚博主教你怎么穿搭"的文章，末了问我："Since 姐姐，我是不是得买个 Coach 的包包呀？Theory 太贵了，你有什么推荐的替代品吗？要不要分期购买一下 Ferragamo 的鞋子，应该使用场景会很多。"

是的，尽管我这篇写的就是穿衣，尽管我刚毕业的时候也非常在意这些，但我更想说的是，穿衣重要，却没有想象中那么重要。只要大方整洁，就完全可以。不论男生女生，在你真正在职场中资深和有分量之前（至少 35 岁以后），根本不用太考虑穿什么会让你在工作中跌份。

我现在发现很有意思的一点，一些很有行业地位的女性在开会的时候会穿着球鞋、背着双肩包健步如飞地走进来，而穿着高跟鞋、拎时尚拷包的可能是实习生。穿衣固然是一种能力，也是一种乐趣，但对于女性而言，如果真的可以从"如何穿衣"这件事情中解放出来，则又是另一个层次的成功和自由。

关于这一点，我会在第四章的延伸篇"职场中的雌竞与雄竞"中进行更深入的讨论。

延伸篇：如何抛弃关于竞争的耻感

之前，我在国内应聘过一家企业，这家公司还算是行业内比较拔尖儿的。我的学历和履历应该都相当符合标准，笔试环节的阅读、数理、逻辑测试我也自觉完成得不错，但是我竟然没有进入第一轮面试环节。

我找到HR，询问详细情况。HR告诉我：“问题出在性格测试——性格测试里有很多项关于竞争的题目，你的答案都是'极度喜欢竞争'。而这个选项我们设定的是零分，是最低分，次低分是'极度不喜欢竞争'，得一分。"

我从很小开始就喜欢参加各种各样的比赛，并且毫不介意比赛的类型，擅长的不擅长的，大型的小型的，只要可以上我就上。父母对我采取"放养式"教育，老师也不会狂热地提倡竞争，所以我纯粹是因为骨子里喜欢，自己要去的。从前期的未知，到上场前的忐忑，到比赛时的血脉贲张，再到结果出来时的狂喜或遗憾，这种情绪过山车的感觉于我而言是一种生理快感。赛前的选手采访，我对着摄像机说："参赛原因啊？没有什么原因，就是喜欢比赛。"带队老师把我拉到一边："你不要这样说。你应该说，是为了提高自己，跟大家互相学习的。我去和摄像老师打一声招呼，待会儿你重录一遍。"

现在，我时常被邀请去国内的一些大学做与职业规划相关的讲座。我谈到，职场成功有一条很关键的素质，就是主动、再主动，机会往往会给到最主动的人。听到这句话，大家的眼神里通常会闪过一阵小火苗，然后小心翼翼地问："但是这样不会显得太具侵略性吗？"大家似乎都不想成为一个有侵略性的、有要性的、有很强竞争意识的人，或者说，羞于成为这样的人。

相比西方文化鼓励小孩子竞争，东方文化对"争"的态度非常模棱两可。老子说，"水利万物而不争"，我们的文化更偏爱和推崇谦逊的人。从小的成长环境隐隐约约教育我，竞争是一件你可以这样去做，但最好不要放在台面上说的事情。

我在想，我们究竟为何会对竞争怀有耻感。

好的竞争不会是一场零和游戏

刚刚的故事还没有讲完。

我进一步追问 HR："为什么'极度喜欢竞争'的选项会被设置为零分？"

她说："我们的工作需要大量的团队协作，所以竞争型人格不会特别适合。"

我当时心里很想辩驳，"喜欢竞争"和"不擅长合作"并没有逻辑上的必然关系。我甚至觉得，只有懂得竞争的人，才会更有合作的能力。因为合作的重点从来不是"合"，而是"作"。

当人们谈到一个喜欢竞争的人，脑子里浮现出的往往是一个想赢别人、碾压别人，想抢夺有限资源，锋芒毕露、剑拔弩张的形象，也难怪会下意识地把其和"善于合作"对立起来。

但事实上,这是"竞争"所不应该承受的一种误解。竞争绝对不是一个狭隘的你死我活的概念。

人生无处不竞争,也正因如此,任何时候的单次输赢都不会起到决定性作用。人的最终成就是一个综合性的结果。最重要的是,要如何通过每次竞争的机会去激发潜力,获得经验,收获盟友,从而去延展属于自己的赛场,去赢得更高纬度、更大局面的胜利。所以,对竞争的理解越是深刻的人,越懂得如何和身边的人合作,懂得如何不把竞争变成一场有限资源抢夺的零和游戏。

美团的创始人王兴说过一段非常精彩的对竞争的理解:"同向为竞,相向为争。即使是'争'也分两种:一种是拳击式竞争,一种是足球式竞争。足球式竞争的目标是把球踢进球门里,这个过程需要过人,需要铲球,需要假动作,这都是可以理解的,最终的目的是把球踢进球框。而拳击式竞争为了获胜,就必须把对方打倒。我们从事的行业是以'竞'为主,即使是'争',也是足球式的竞争,而不是拳击式的竞争。"

当我们能够以这样一种方式去知行合一地对待竞争,不论是在言辞谈吐间,还是外在气质上,都不会表现出一种茌厉的排他感,浑身上下散发的都是激情、意志和战斗决心,这才是"竞争者"的气质。

懂得竞争的人不在乎一城一池的得失

从空间角度上,竞争应该不断把盘子做大,向外扩展边界,不要让自己和周围人困于眼前的赛道。而从时间角度上,则不要太在乎当下一时的得失。

热爱竞争的人往往更加输得起。倒不是因为他们的心态更平和,而是他们为了满足自己的这份热爱,会为自己的人生找到一个接一个的赛场。于他们而言,竞争是一种生活常态,所以他们才最能够拿得起放得下,也最能借助竞争中以退为进的力量来积累经验,收获朋友。

输的感觉并不会太好受。输得起的人,往往是那些认为竞争还远远没有结束的人。他们以最长远的眼光来看待竞争,他们总觉得一切才刚刚开始。

通过竞争来吸引同道中人

我必须说,现在我身边的很多挚友,都是我一路以来在各种各样的竞技场合下认识的。

他们中有的是我在赛场上针锋相对的对手,不打不相识,在铆足了劲"对付"对方的过程中,我们其实也是在不经意地研究和揣测着彼此,所以一旦下了赛场,更容易惺惺相惜。

有的则是我多年的同学,从小到大都暗暗较劲,暗暗比拼,我们都因为对方的存在而不敢松懈,从而也激发出更好的自己。毕业好几年后，有一次我和一位老友在香港相聚，那天我们拍了很多合照，我发朋友圈说："感谢生命给了我们彼此如此优秀的竞争对手。在最了解我的人当中，你一定排前几，在我最想祝福的人当中，你也一定排前几。"她给我回了很长的信息，说谢谢我。我想没有体会过相爱相杀的人，是无法体会我们的感情有多深刻的。

竞争可以精准地帮我们吸引同类人。同类人往往有着相似的深层渴望，能最大程度地互相理解，以或合作或竞争的方式永远同行。这是一种比单纯的友情更难遇到也更让我珍惜的感情。

现如今的我，总是大大方方地袒露和表达自己对竞争的痴迷与喜爱。一来是我本身更自信了，二来是确实发现心里的火、眼里的光是藏不住的，与其遮遮掩掩，不如坦诚。最重要的原因是，我越是这样表达，就越能快速吸引和我一样喜欢竞争、理解竞争的人。大家能以最快的速度走到一起，形成合力。

竞争是自我实现的最佳手段

人具有动物性，所以人在竞争中赢过别人的时候，会有生理性的快感，这种快感正常而健康，没有什么不好承认的。但快感总归是肤浅而短暂的，能支撑起人扎扎实实的幸福和快乐的是竞争所带来的**螺旋式的自我成长**。

从长期战略来说，人最重要的是找到自我，因此只需要自己跟自己比。但在具体的战术执行上，天天只看着自己却并不可行。我们需要通过与他人的对比，来确定相对坐标；也需要通过时时与他人竞速，来克服惰性，保持敏感，激发潜能。

竞争从来都不是目的，它是一种用来自我实现的手段和工具。所有的对手都只是暂时的，终究只有你自己在你的人生舞台上分秒坚守、寸步不移。你的精彩别人未必能捕捉到，你的窘态别人也未必能捕捉到。给自己最客观的评价，做自己最忠实的粉丝，只有自己，才能够成为自己永远不离场的对手。

不看周围人，不看同龄人

有一点很奇怪，虽然我一直以来都非常喜欢竞争，但是我几乎没有过"同龄人焦虑"。身边的人比我考试多考了几分了，抑或是找工作时比我拿到了多几千块月薪的工资，我对这种小事是无感的，我好像并不会陷入这种汲汲营营的漩涡。

起初，我能够意识到这一点，但我并不知道是为什么，难道只是因为我本身是一个极度自信的人吗？其实不是，自信不是万能的，不能什么都用自信来解释。后来我意识到，这是由于我脑子里有一种隐隐约约的思维模式：人生立意要尽可能远大，要选择比自己厉害得多的竞争对象才能给自己带来质的进步，不看同龄人，不看周围人。

我一直都非常喜欢商业新闻界的传奇人物 Mario Bartiromo，她既是非常出色的主持人、制片人，也是资深的杂志专栏作家。她采访过世界上政经界几乎所有的显赫人物，华尔街的很多高层都非常重视她，他们甚至每天早上的第一件事情就是阅读 Mario 的专栏。

她的语言功底、临场应变能力，以及对于商业和人性的深刻洞察，都让我叹为观止、望尘莫及。也正是由于这样一个偶像或对手的存在，我不会由于我自己比身边人在某些方面做得好一点或差一点而有太大的波动，当你心里有一个殿堂级人物的指引时，你只会觉得你还有很长的路要走。

在我的概念里，不存在一个绝对榜样或者绝对的长远竞争对象。我做了很细的划分——在财经写作方面我要对标谁，英语熟练度上我要对标谁，哪些女明星的着装和气质是我想学也有潜力学成的范儿。从不同的人身上学不同的事，学他们最擅长的事，做不同的事时脑海里浮现不同的样。可以通过模仿去进步，但不要活在榜样的阴影里。把所有东西七拼八凑，然后打自己的组合牌。

有的人天生喜欢竞争，有的人不喜欢，这是个性使然。但对竞争本身有耻感，不是性格问题，而是认知问题。因为理解，才能拥抱。

我们或许都可以比自己想象中的更加享受竞争。

第四章

职场与跨界转型｜从四大会计师事务所到区块链

■ ■ ■

"工具人",即要求你在工作时
抛弃人的多愁善感,快狠准地完成目标,
听起来不近人情,
但这其实就是"专业"的精神内核。
是专业精神,让这个世界的运转更高效。

专业是最大的高效

❶

从青春期起,无论看什么题材的电视剧,我只钟情于职场的部分,遇到一地鸡毛的感情戏总是毫不犹豫地快进。我对如何斡旋于客户和竞争对手之间,如何揣测人心,如何用绝对能力去获得信任和成功充满神往,在我心里,这些才是真正充满魅力的成年人游戏,而不是那些情情爱爱。

更何况,我一直觉得大人是没有小孩子那么懂得"纯粹的爱"的,我一点都不羡慕他们。我只向往那些叱咤风云绝地反击的故事,大人可以操盘,可以嫁接资源,可以掌控一家公司,他们才是这个世界真正的参与者,这是当时成天趴在课桌上做《五年高考,三年模拟》的我可望不可及的。18岁了又怎么样呢,依然土土的,懵懵懂懂的。在我心里,进入职场,才算是真正的成人礼。

每一个像我一样的年轻人,都预备在进入职场后立刻开始干一番大事业。然而,没有任何人事先告知我,作为职场新人,尤其是大公司的职场新人,最不需要的就是这种"雄心",它就像一团火一样,既跳跃又容易坏事儿。刚毕业的愣头小子不过是职场流水线的一环,公司需要的是一颗标准而好用的"螺丝钉",而不是一颗颜色不一样的螺丝钉。

既然如此，商学院又何必一直把我们朝着"王者"的标准培养呢？成天聊"引领趋势""个人影响力""时代变迁"什么的；面试的时候又何必试图谈论"科技如何颠覆行业"这么大的议题呢？是怕问题太实在丧失了大公司风范，还是能从这个问题中判断出我Excel做得怎么样？在刚开始工作时，我总是在茶水间倒咖啡时思考这些问题。

老实讲，越是那种在校园圈里呼风唤雨、富有幼稚抱负的人越受不了骤然而来的"必须听话"和"琐碎劳动"。这种落差感，一方面来自年轻人自己对职场的幻想和误判，另一方面其实也来自若有似无的引导——高大上的宣讲会和可以鸟瞰陆家嘴的工作环境，仿佛都在许诺着什么。

面对实习生对未来充满希冀的眼神，职场老人儿们总是说，"咳，可不像你想的那样，进来你就知道啦"，语气里带着慈爱，也有些许嘲笑。等实习生们变成了职场老人儿，他们会对下一届实习生说同样的话，也不知是一种倚老卖老的快乐，还是一种"终于轮到我对别人说这句话"的满足。

尽管每天接触到的都是高素质的同事和客户，上级也很耐心，但我还是过得不开心。我很清楚，是因为展不开拳脚。我和同级的同事们聊起这些感受，发现大家都是那么擅长自我处境合理化：

"但是谁不是那么一步一个脚印过来的呢？"

"能把琐碎的事情干好也是一种能力呀。"

"现在以我们的能力，能做得了项目吗？做不了。那就只能从最基本的事情做起。"

我承认这些话听起来很对,挑不出任何毛病。但我一直有一条判断标准,真正通透的道理一定会让人豁然开朗,心服口服地接受。如果你是叹着气接受的,觉得"是啊,不得不如此啊,是我从前天真了",那一定是哪里还在拧巴着,没有戳中痛点,没有找到核心原因。

❷

事实证明,东想西想可能就是因为太闲了。后来工作量慢慢上来了,每天处理任务清单都应接不暇,我自然也就没有时间在茶水间里思考人生了。

经理告诉我,无论你做的事情多么细微,或是属于项目分工里多不起眼的一环,你都要试图理解全局。做着手里的,想着全部的,你会获得比别人更快的成长。这句话倒是对我管用,我竟也好像很快就找到了做琐事的快乐。

人这种生物的适应性就是很强,适应性让人融入环境,也会让人失去棱角。唯一能够中和两者的办法,就是你在"适应"的时候,自知这是适应。我知道,我是为了让自己尽快进入工作状态而适应,而暗示自己快乐,但我心里依然有一些说不清道不明的东西没有被解决。

在18岁之前,中国少年成长的主线就是备战高考,高考教会了我坚韧，教会了我服从。我的语文老师说，高考作文可不是在挑选艺术家，而是在比谁更能理解游戏规则。但进入大学以及之后在海外求学的经历打开了我，让我成为了一只自由的飞鸟，我明白了用统一的标准去衡量一个人是否优秀，是一件简单粗暴的事，毫无道理。我想，成年人真好啊，我今后都要过充满个人色彩的生活。瞧，大学教育好不容易教会了我多元的价值观，让我理解自由，有勇气去践行自由。但这种感觉才刚刚到位，职场就来了当头一棒——我们又要进流水线。

越是规模化、体系化的公司，越是具有已被论证的经验和可被套用的模板，行业规则已经很成熟，最不需要也没有成本来理会个体差异性。统一的培训，统一的业绩考核指标，统一的晋升路径。我不是怕吃苦，也不是想一口吃成胖子，只是我往前看，似乎又要返回到"谁更能理解游戏规则"的同质竞争，我觉得乏味，我受不了这种落差。

当时我并没有意识到，这其实就是一种典型的学生思维。我根本没有真正理解"学校"和"职场"的本质区别。从提供教育服务的角度上，学校是乙方，而接受教育的我们是甲方，学校的责任和义务就是为了培养学生，学校提供服务，学生享受服务。但职场刚好相反，我们提供个人劳动，公司付给我们工资，从这个意义上，我们是乙方。公司存在的目的是利益最大化，不是为了培养谁，更不是为了提供给谁发挥才华的舞台。大公司的公关能力都相当了得，在台面上自然有着更圆润、更得体的话术，鼓励多样性和以人为本的企业文化当然不是假话，但我当时还没有体会到这一点，不明白员工的存在就是为公司贡献服务，不明白一个职场人的自我修养就是要有一种"**乙方心态**"。

校园圈里的高频夸人词语是"优秀"，优秀的评判标准相对主观，主要聚焦于"人"；而职场的高频夸人词是"专业"，主要聚焦于"事"，能把事情完成得干净漂亮就是专业，至于完成这件事情的人是怎样的个性或有怎样的综合素质，在职场语境里，反倒是退居二线。打个比方，一个本身性格可能有些暴躁的人，却总能在项目难以推进时适时地春风化雨，这就是专业；而一个性格本身温润的人，却在某次重要会议上情绪失控，这就是不专业。

公司是一家精密而庞杂的仪器，环环相扣，所有的流程、技术和人，都不过是为了让这台机器运转得更好。从这个角度上，职场是冰冷的，甚至是残酷的。学校存在的目的是"育人"，让人成为人，成为完整、丰富而鲜活的人，所有的生而为人的特点都是值得被接受的。而职场需要的，是"工具人"。当我还处于学生到职场人的转折点时，我一度对这个词耿耿于怀。"工具人"，即要求你在工作时抛弃人的多愁善感，快狠准地完成目标，听起来不近人情，但其实就是"专业"的精神内核。是专业精神，让这个世界的运转更高效。

❸

从进入职场到现在,我始终觉得被评价为"专业"是对一个职场人最大的褒奖。我也一直在试图提炼出"专业"和"不够专业"的区别究竟在哪里:

专业不是取决于人在状态好时能发挥得多惊艳,而在于状态不好时能有多稳定

与专业的人合作能让人绝对的放心。不论有任何意外情况发生,他都有 Plan B;无论他当时的状态有多糟糕,都能稳定发挥在 80 分的水平以上。稳定性,是衡量是否专业的重要标准。如果一个导演毕生拍出了一部惊为天人的电影,我们会说他是一个天才的导演;而只有一个导演能够持续产出高水平的电影佳作,我们才会说他是一个专业的导演。

George W. Loomis 有一句话我挺喜欢的,"Amateurs practice until they get it right,professionals practice until they can't get it wrong"。翻译成中文是,"业余者练习到他能把这件事做正确为止,而专业的人会把这件事情练到他绝不会再出错"。一个专业运动员或演讲者,即使临场时有些小状况,他们都能凭借"下意识"去做最快的调整和处理,这是对于自己的手艺烂熟于心,甚至是有了生理反应后,才会具备的下意识。

专业来自反复练习，以及是否可以容忍无聊与枯燥

我曾一度觉得能做成事情主要靠的是热爱和激情，但任何一件事情，要真想把它做得专业，会有很多层面的练习，有的是你相对感兴趣的，而有的可能是你不那么感兴趣的。热爱和激情不是万能的，尤其是试图去突破一些瓶颈时，还是毅力和决心更关键。

比如你非常喜欢唱歌，对词曲的感悟也很强，颇有天赋，这或许可以让你成为一个优秀的业余爱好者，但离专业水准还差太多太多东西。我自己接受过一段时间的专业声乐培训，在头两个月的课程里，根本就没有唱歌、台风、旋律、感情这些事，只有不断地练习气息、找发声位置，横膈膜收缩这个简单动作一练就是一小时。老师说，你必须练出生理反应，唱高音或长气息时，你身体的反应得比脑子更快。而要想做到这样，除了反反复复练，忍受这种无聊和枯燥，别无他法。

凡事都只谈热爱，终究是一件有点孩子气的事情，能把不够有趣的事情做好，才是一种专业的态度。

专业者对细节抱有执念

有时候，去听一些头部咨询公司的提案，或参加一流公关公司组织的活动，我经常会发出这样一种感叹：果然，专业的就是不一样。这种不一样的感觉，你有时候说不上来究竟是哪里不一样，因为别的公司的提案可能也大概是那么回事，或其他的活动也是那么

个流程，但你就是感觉哪里不一样。"专业"和"不够专业"的区别，往往不在大面儿上，而在细节里，更可怕的是，往往是一些外人所不能学到，甚至不能被观察到的细节。

拿"讲标"这件事来打比方，强专业水准的团队除了会反反复复抠PPT的每一个图标和每一种配色外，讲标人西装里的丝巾或许就是客户公司的标志色，好似不经意说出的某句话经过前期反复考究，整个团队在和客户接触的时候每个人负责什么、呈现什么都会事先安排得细如发丝。

各行各业都会有各自对细节的执着，比如米其林餐厅对食物品质的管控，或是服装设计师对每一个线头的把握，这些用大量时间和金钱打磨出的细节，造就了各行各业的专业水准，甚至是形成行业壁垒。而全社会运转的高质和高效，也正是来自每一个行业从业者的"专业精神"。

备考财经证书的苦与乐

❶

直到现在,我还能清楚记得最后一门 ACCA 全球统考的场景。

盛夏 6 月,近 4 个小时,没有选择填空题,全是商业模型与案例分析的主观论述。全卷不过四道题目,但每一道都特别长,密密麻麻的英文能布满三四页 A4 纸。

只是看懂题目是不够的,还要读得出弦外之音,看出考卷上的信息与潜在考点的勾连。时间虽然很紧,但也千万不能急,不能一目十行,一定要沉着冷静。火急火燎地看题目会导致后面数次返工,事倍功半,不划算。

我每一次都要准备好几支笔,并不是怕墨水写完,也不是作为备用,而是每次考试的写字量都太大了,写到手有些抽搐或者手心流汗是肯定的,只能通过换笔来调节自己。有的人会特别大力地按计算器来缓解焦虑,有的会哗哗地翻试卷,有的人会咕噜咕噜喝水,监考老师提醒也没什么用,因为这是考生们在高强度状态下的不自知的行为,很难控制。

好在考到最后一次,我已经充分找到了考试的感觉,整个天地间只能感知到我、题目和时间三样东西的存在。从小学时爸爸就跟我说,考试最重要的就是胆大心细,遇到任何的题目都不要慌、不要怕，但做题的时候也要分外留神，不要在小地方失分。面对考试和面对敌人一样，也颇有点"在战略上要藐视敌人，在战术上要重视敌人"的意思。

ACCA用的不是答题纸，而是答题本，因为要写的内容实在太多了。考最后一场的时候，我竟然把一整本写完了还不够，又跟监考老师多要了一册答题本。现在想来，也不知到底是那门课本来就复习得好，能答的角度确实多，还是心里明白那已经是最后一门了，会尤其想要多写一些。

走出考场的时候已经是晚上快7点，整个人都恍若隔世，刚刚的几个小时实在是太高强度、太专注了。我和几个同学去了市中心的一家烤肉店，每个人都吃了两三个人的分量，一直吃到店打烊。这种做了一件大事之后，大举庆祝或放肆一番的感觉特别有成就感。

ACCA的考试一共有13门，分三个阶段，涵盖了会计、法律、财务管理、审计、税法、战略等课程。每一门课的全英文教材都比一本《红楼梦》还要厚，除此之外还有习题册和讲义。考完之后整理这些资料，摞起来比一个人还要高。很多同学选择把这些书卖了，说卖书是非常有仪式感的一环，证明和ACCA成功"分手"了。我并不是一个非常念旧的人，但我没舍得卖，我把这些书搬回家里，存放在书房。

这么多年过去了，现在我偶尔再翻开那些书，看到那些写写画画的痕迹和励志的话语，瞬间就像看到了那个当年在图书馆备考的自己。夏天特别热，蚊子还多，我放了一瓶花露水在桌子边上。有一次不小心把花露水洒在了书本上，笔记全晕开了，我使劲回想是哪门课哪本书，使劲想找到那一页。

我把那一页纸放在鼻子前来闻，没错，就是那一股专属于自习室的花露水味道。

从小学到中学，我们对考试这件事已经非常熟悉了。尤其是高考，对于每一个中国少年的意义都是巨大的。但高考的历练更多只停留在执行层面，因为老师和学校会把什么时间听什么课、怎么样去复习等安排得好好的，你只要照着做就行了。

从大学开始到走入职场，生活从单线竞争演变成了多线竞争，你需要同时做好几件事。事情越是密集，越是得时间管理者得天下。备考类似 ACCA、CFA（特许金融分析师）这样的专业性考试，除了考试本身之外，更重要的是如何权衡好考试和其他事情的关系，如何理解、分配并调整自己的时间与精力。

时间管理首先是一个战略问题，其次才是一个执行问题。思路不清晰的人永远处理不好他和时间的关系。

我在 ACCA 的最后一个考季时，同时备考四门比较高难度的科目，看网课、复习、做题已经让我应接不暇。但在那一段时间，恰好有一个特别大型的全国英文演讲比赛，我的老师想推荐我去参加。我喜欢英文，也喜欢演讲，如果选择参赛，获奖的可能性很大。紧接着又有一件事情发生。在临考前一个半月左右,之前以为没有希望的一份实习 offer 突然有一天就躺在了我的邮箱里,通知我一周后去公司报到。

ACCA 考试、英文演讲比赛、实习机会对于当时的我来说都是非常有分量的大事,它们同时发生了。这个时候怎么办,强迫自己每天晚上只睡 5 个小时,把三件事情同时接下来吗?如果这样的话,有可能三件事情都做不成。

但凡遇到有点难以抉择的时刻,我都会去操场上跑三圈再说。身体上一热起来,我的心就会冷下来。跑完后我一边靠在栏杆上休息,一边想:如果 ACCA 能尽快考完,肯定有机会获得更好的实习机会,所以实习可以先排除。但是否要去参加英文演讲比赛,的确让我纠结了很久。那一次的比赛机会特别好,主办方很强大,决赛会在北京举行。

每当我在内心已经很冷静的情况下还想不明白时,就会把纠结的选项拆开了揉碎了,写在白纸上一条一条分析:

我为什么想要参加英文演讲比赛?

理由 1:往简历上再增加浓墨重彩的一笔。

理由 2:想去北京参加决赛,扩充眼界和人脉。

关于理由 1,我之前已经有过中文演讲比赛获奖的经历,而雅思等语言类考试足以证明我的英文能力。所以,简历上再添加一个英文演讲比赛的奖项,只是锦上添花,并不会起到关键作用。

关于理由 2,我在那个阶段的确需要一些走出校园圈的眼界和人脉，但我想，如果我尽快通过 ACCA 的考试，同样也会给我带来平台和资源的机会，而由 ACCA 带来的东西往往跟"国际财经"领域更相关，更具备精准的专业导向性。

就这样，我在半个小时里就确认好接下来应该心无旁骛、全力以赴冲刺 ACCA 考试。时间管理的首条黄金法则一定是关于思路，确定好什么才是眼下最关键的，什么是主线目标，什么是副线目标，该做减法时要具备做减法的魄力。

然后就到了执行层面，究竟怎样做才能更专注、更有能力把控好时间？这件事情一定是真刀真枪地练出来，而不是凭想象把相关理论推演出来的。我也阅读过特别多关于时间管理的书，书里会提到很多具体的技巧，比如你要做详细的日计划、周计划、月计划，但不要太松也不要太紧；比如你要充分了解自己的状态和学习风格，究竟是早上还是晚上的状态更好更适合记忆；比如说你要给自己设置一些奖励和惩罚措施。

这些广为流传的时间管理方法当然都没有错，听起来也确实像那么一回事儿，但别人的终究是别人的。事实上，只有你自己一点一点感悟、摸索出来的技巧，才能够天衣无缝地与你自己融合。所以我一直觉得最好的方法是，用现实的欲望和痛感，来倒逼时间管理能力的提升和形成。

首先，要对你做的事情保持强烈的欲望。欲望会波动，有的时候你觉得你很想要，有的时候觉得生活还是轻松点好，万一没做到也不能怎么样，人总是那么擅长宽慰自己。所以，要有意识地把你的欲望始终保持在一个高点上。既然决定了接下来要全力以赴 ACCA 考试,就不要再摇摆。每天都暗示自己,这件事情极其关键、极其重要,已经确定之后,就不要再管它客观上是不是那么关键和重要了。

只要你时时保持着强烈的渴望,睁眼闭眼都是这件事,心心念念都是这件事,那么,在你蹉跎时光的时候,你就一定会有痛感和愧疚感。当你一而再再而三地没完成当日的计划,当你熬了太多次没有必要的夜,当你甚至内分泌都有些失调的时候,你就会开始带着"痛"去反省,你就会一点一点地修正自己、调整自己,你会在可以把握的时光里变得越来越分秒必争。

时间管理和其他能力一样,不可能从天而降,也不可能一蹴而就,一定是一点一点磨出来的。

备考 ACCA 的时候,几乎是每天 10 多个小时的持续学习。有一阵我总喜欢在午休的时候看美剧来放松,这个方法是一个学姐告诉我的,说美剧既可以让你换换脑子,同时也还在一种英文的感觉中,不会和备考全英文的考试调性相差太远。但我发现我是一个非常容易入戏的人,看剧很动感情。对学姐来说看美剧可能是很好的休息方式,但对我来说却是巨大的能量和情绪消耗。如果彻底进入剧情,更会停不下来,本来只准备看 40 分钟,结果看了一个下午的事情常有发生。

每一个人都在与"时间"的交手过程中败下阵来过。当我一次次地完不成当天的计划,不得不把复习一环一环往后推迟的时候,我开始紧张、焦虑，意识到自己不能用看美剧这种方法来休息，我必须摒弃这个习惯。后来我把午休换成了非常简单的趴在桌子上闭目养神。

越需要在每一天里完成更多事，我就越需要耐心地去剖解究竟哪些东西可以让我蓄能，而哪些让我耗能，如此来形成一条条真正属于自己的时间管理准则。然后，不断地重复再重复，直到这些准则成为一种生理记忆。

当年备考 ACCA 最大的收获是，让我找到了高强度劳作下的时间和精力管理法则，这个东西才是真正的无冕之王，存于体内历久弥新，别人再也带不走。今后但凡面对类似的事情，就可以调动出当时的状态，这是一种储存的惯性，把它们再次激发出来就好。

如愿以偿地快速考完 ACCA 后，我得到了很多不曾预想的机会。

首先是在同年入选了香港 ACCA 的"未来财会精英培养计划（FBLP，Future Business Leadership Program）"，这是 ACCA 每年一度的活动，大概在全国选拔 30 个人。当年，我有幸被选为学生代表在闭幕式上发表英文演讲，并借此获得了香港的实习 offer 和推荐信。2019 年，我被邀请参加 ACCA-SNAI 年度峰会，是全场最年轻的圆桌论坛嘉宾，同场的还有 ACCA 全球会长、著名经济学家李迅雷老师，嘉御基金董事长卫哲老师等。因此，我一直觉得 ACCA

给我的最大帮助是："极强的资源和平台优势＋系统化的财经知识体系。"

很多人会问，ACCA 究竟能为我们带来什么？首先要厘清的是，同样是通过 ACCA，不同的人借此达到的知识水平是不一样的，首先，50 分飘过和大陆第一成绩过不一样，其次，哪怕同样是以 60 分通过，不同人的内化程度也不一样。"考试"和"知识"虽然正相关，但还是有区别的。考试比拼的是在既定游戏规则里的自制力、信息搜集能力和对目标的狠劲儿，而知识的掌握更涉及联想的能力与有意识的思维构建。升级打怪的应试能力作为显性赛道，润物无声的知识内化能力作为隐形赛道，两者缺一不可。

通过ACCA后，全英文阅读国际财经新闻无压力

如今我们生活在一个高度商业化的世界里，不管是在线打车，买一杯咖啡，还是刷刷小视频，其实都是在和商业世界交互。我一直有一个观点，商科是一门通识教育。每个人都要有起码的商业感和财商，才能真正参与到这个日新月异的世界。我很早就模模糊糊地意识到了这一点，所以在高三进大一的暑假就开始比较规律地阅读财经新闻，比如 FT 中文网、《第一财经周刊》等。但实话讲，那个时候我看到"去杠杆化""美联储加息""C 轮融资""重资产轻资产"这样的词完全是两眼一抹黑，同时也意识到了，财经新闻和社会新闻或娱乐新闻不同，它有门槛，阅读者需要具备专业知识，需要经受一定的专业训练。

当时做得非常正确的一个决定是，看不懂也要看，哪怕只是和这些词混个脸熟。我在备考 ACCA 的过程中，除了考试本身的酸感，一路上还有脑子里的既存盲点在被逐渐打通的爽感。哦，原来"资产负债率"是这么一回事，原来"P/E ratio（市盈率）"是这么算的，对于市场战略、合规风险、企业架构这些似懂非懂的东西找到了扎扎实实的学术理论背书。这种摄取知识的感觉，是非常愉快的。

考完 ACCA 后，我开始阅读全英文的财经新闻，比如《华尔街日报》《彭博商业周刊》《哈佛商业评论》等。一来，我的商业英文水平有了肉眼可见的提高，更重要的是在那个时候，基本已经不会再出现闻所未闻的专业词汇和概念了，绝大多数都学过，即使有一些不是那么透彻，也可以自己研究明白，因为商业知识体系的"元概念"已经比较扎实了。

通过ACCA后，通读上市公司年报基本无障碍

阅读年报，永远是了解一个公司、一个行业的第一步。在正式工作前，我做过不少实习，当年没少做的一件事情就是，打印客户和主要竞争对手近三年的财报，我切切实实感受到了一份年报的信息密集度和纸质化后的重量感。

如果说阅读财经新闻尚且需要专业知识，那阅读财务报表的门槛要高得多。如果你将来准备从事商业领域，不管是做甲方乙方，不管是从事贸易、投资、咨询还是金融，能看透财报是一门必修课。财报不仅仅包含三大财务报表（即资产负债表、综合收益表、现金

流量表）中的财务数据，更有大量的关于公司治理、风险管理和内部控制的非财务数据，每一个角度在 ACCA 都对应着一门系统的课程。

当然，看财报是一门真正的技术活，随着实务经验的不断加深你才可能明白字面表述下究竟在讲述一个什么样的商业情境。看透年报需要不断精进，这是一门绝非一朝一夕之功的手艺。但有能力去通读、基本明白在讲一个什么故事是另外一码事。ACCA 能够给你这样的准入门槛。

通过 ACCA 后，有能力独立完成体系化的商业分析

我最喜欢 ACCA 的一点是，它基本帮我完成了商业知识的基础体系化构建，它的知识触角比 CPA（注册会计师）要广得多，涉及经济学、金融学、税务、法律、战略管理、业绩管理等。其中会计当然是主线，但整个泛商科领域其实都可以做到略知一二。

接触区块链行业后，我开始深入了解关于 ICO（首次代币发行）的始末，惊喜地发现，ICO 已经进了"ACCA 高级财务管理"一课的考纲。ICO 作为区块链行业里的新型融资方式（"九四"事件后，国内被禁），诞生才不过几年。ACCA 的与时俱进程度，我服！

很明显，ACCA 的这种"广＋新"的商业知识输出，事实上让你具备了独立完成体系化商业分析的能力，你的视角不可能只有财务维度，肯定也有市场维度、管理维度、合规维度等。如果有机会在大学期间参加各类商业案例竞赛，你对此裨益会深有感受。

ACCA 是我考的第一张证书，进入职场后我陆续接触了司考、CPA 等。考试这件事情，似乎是一通百通。而 ACCA 作为一个平台和资源库，依然通过各种各样的峰会和论坛，让我有机会"链接"到各种各样的投资人、合伙人和首席财务官，这才是对我现阶段事业最重要的意义。

老实讲，我一直觉得所谓证书的含金量，其实是一个伪命题。证中自有黄金屋，大家纷至沓来，有的注定只能是过客，少数才能走到顶端。

转行决定只用了三分钟

❶

"叶总,老实说我想过从四大跳槽,我也想过创业,但我没想过是区块链。我对这个东西没有理解。"

"区块链的行业很新,谁都不敢说对它有理解。大家都站在同一起跑线上,我觉得这正是年轻人的机会。"

"其实我现在的事业挺稳的,也有副业在做。如果你是我,你拿什么说服自己和一个全新的团队去干一件全新的且未来不可预知的事情?"

"我觉得这个问题在于,你想要你的事业像股票似的发展还是债券似的发展。你性格里的敢和冲,明显是想要'股票'的,而你目前的工作就是'债券',现金流稳稳妥妥、可预测,一眼能看到十年后,有意思吗?"

"我明白。只是这个拐点比我预期的来得早一点,我想我应该再工作两年,然后……"

"这样吧,胜子。下个月在上海有很多区块链的峰会,你先假装以我们团队成员的身份一起去参加,我也会推荐一些从业者给你认识,我觉得你需要直观感受一下氛围。"

"……"

这段对话发生在我和叶总第一次面聊之后。叶总是我在华威大学的学长，研究生去牛津念了数学，投行背景出身，在伦敦亲历了2008年金融危机的风潮，回香港后在一家上市公司担任CEO。后来，他跳出了精英的职业框架，想开一家区块链金融公司，专注于做加密数字货币的量化和资管，也在一级市场投资一些区块链项目。他的合伙人我都见过了，都是在大摩、小摩[1]工作了十几二十年的资深从业人士，身上自然有典型创业者所具备的那种稳重和专业，非常吸引我。

他们想找一个年轻人来做市场和商务拓展。我问："那我主要的根据地在哪里？"

"没有根据地，前期在华东，之后可能是深圳、香港，也可能是首尔和东南亚地区，纽约的区块链氛围也很浓厚。总之，哪里有市场机会，我们就去哪里。"

不得不说，这种未知与新鲜感太打动我了，我隐隐感觉到，这可能是我一直期待的富有创造性的、更大开大合的工作方式。

我第一次去参加的是当年在上海 W Hotel 举办的区块链全球峰会，连续三天的大会，来自国内外知名的行业学术机构、投资人、项目方、媒体齐聚一堂，每天十几场的大论坛小论坛不说，晚上还有各种各样自发组织的社交酒会，大家乐此不疲地介绍着自己的项

---

1. 指摩根大通（JPMorgan Chase & Co）和摩根士丹利（Morgan Stanley）两家一线投资银行。

目,寻求合作机会,同时也群情激昂地讨论区块链行业的合规与落地问题。

人人都站在浪潮中,人人都不需要睡觉,我看不到他们对未知的恐惧,只能看到对未知的激情。有95后的草根创业者穿着拖鞋而来,据说他们抓住了早期投资比特币的机会,早就实现财富自由;投行律所等专业服务出身的精英人士还是习惯西装革履;还有一些比较像网红的漂亮女生们,穿梭于大小会场,游刃有余,我和其中的一个握了手,目光很定,力气很大,毫无刻板印象里的嗲气。

我之前从未在任何地方感受过如此高浓度的活跃、野心与多样。我站在边缘,观察着一个猛子扎进这个新兴行业的人,他们中有的是信仰区块链技术的虔诚的布道者;有的向往极致成功和极致财富;有的厌倦了中规中矩、顺顺从从的一切,渴望放飞自我,是不是赢家不重要,他们只想成为玩家。我不确定我想成为其中的哪一种,或者都有一点,或者又都不是。不管以什么样的角色和心态入场,我只知道我不想只是站在边缘探测和观察了,我想亲自站在旋涡当中。

当晚回去,我本要加班,还有一些Excel和PPT没有做完,但我做着做着就从椅子上弹起来,绕着屋子走来走去,停不下来。我知道这种"山雨欲来风满楼"的感觉对了。

我给叶总发了微信:"I'm in!(我加入!)"

❷

当时,身边的同事和朋友都觉得我太冲动了。我在四大的老板非常好,他本人也是一个很有说服能力的人:"Since,我并不是以你老板的身份在劝你,我是以你朋友的身份在劝你。首先,你要想,你加入之后是不是核心岗位。你和创始团队并不是旧识,也没有一起做过事,你觉得你们能一起并肩作战多久,尤其是在这样一个前途尚不明朗的行业。你现在做这样的决定,等于抛弃了你在财经领域已经积累的经验和已经获得的职业资质。到时候万一你想再退回来,会很尴尬。我觉得这个风险不值当,你需要再慎重地想一想。"

我一直非常感激他,前辈的每一句话都很诚恳,也很在理。在理性层面,我甚至找不到反驳的理由和立场,唯一感觉不对的是,所有的利弊分析和理性考量好像都没有办法在生理层面触动我,既没有击中我真正的痛点,也没有让我燃。

在做决策这件事情上,我早就形成了自己的一套理解:越是大决定越要凭直觉,越是小决定越要理性。因为放眼到整个人生的大面儿上,是没有"目标"这个概念的,人生的本质是一场体验,像事业方向与婚姻选择这样的大事,从心的往往就是最对的。尤其是在事业上,不论是想通过事业来获得自由,还是想通过事业来获得难度比较高的成功,都千万不要抵抗自己的生理直觉,拧巴的、没有由内而外的激情的领域,是会很快让一个人枯萎的。

一年多以后,我和一位从事心理咨询的朋友再聊起此事,他说:"其实单向力量很难让人极快地做出决定,那些手起刀落、毫不纠结的决定,往往是有两方力量,一方在把你往外推,一方在将你往里拉,这个闭环一旦形成,力量就很强大了。"

直到和他谈完话的那个晚上,我才开始坦诚地思考,那股把我往外推的力量,具体是什么,是不是有可能它比外部拉动我的力道,还要更强?

我本科是学会计出身。填报大学志愿的时候,和中国所有的传统父母一样,爸爸妈妈希望我将来能从事一份旱涝保收的职业。在大学之前,我从来没有被赋予过做大决定的机会和权利,所以即使自己有比较明确的兴趣方向,也并没有底气坚持,我对我关于自己和世界的理解都不是很有信心,想着,还是听大人的好。高考的惯性流淌在每一个中国少年的血液里。即使进了大学,明明可以有更宽阔的选择,但依然会情不自禁地往最主流的考核标准上靠,依然会选择早就成为心理舒适区的填鸭式进阶,不过是把高分与名校,换成了"绩点+社团+实习+比赛"的综合体罢了。

我的专业学得不错,不得不说,任何学科只要你学进去了就自会发现它的魅力,三大财务报表完美勾稽,复式记账法绝对是人类文明历史上最伟大的发明之一。从应用层面来看,会计让我懂得了商业的通用语言;从思想层面来看,它让我见识到了一种逻辑严密的社会科学。

作为一个会计系的高分选手,进入四大会计师事务所是一个理所当然的选择。这一路我似乎很努力,又似乎很麻木;似乎很主动,又似乎很被动；似乎很优秀，又似乎很平庸。入职培训的时候，合伙人站在所有职场新人面前演讲，非常专业、内敛、有风度，没有人会抗拒成为那样的人。但我好像突然有那么一闪念，想起小时候五花八门的梦想，我想过成为央视主持人，成为心理医生，成为拉丁舞演员，想过开婚庆公司。但生活最终给了我答案，我成为了一个白领，如果顺利的话，我会在十多年之后，成为合伙人。"哦，原来是这样。"我心想。

　　学生时代的考证、实习和比赛经历的确为我积累起了一些先发优势，会计师事务所的工作忙归忙，但都在我的理解范围之内，并没有心态和思想上的冲击与高潮，和同龄人相比，在很多事情的应对上，我是轻松的。我非常庆幸之前的努力为我赢得了这份轻松，让我没有苦于亦步亦趋的工作节奏，给了我足够的心理和情绪空间去进行其他的思考与延展，要不是如此，关于"自我"的命题，恐怕会来得更晚。

　　关于自己真正喜欢什么、适合什么，这件事情不可能没有想过，但在经济独立和获得某种成功体验之前，也只敢想一想罢了。二十岁左右对成熟的理解就是，不论脑子里的想法多么不着边际，落到手头上，都应该去做看得见摸得着的事情，或者说，更现实的事情。在主流游戏规则里获得满意的分数之前，我好像做不到去质疑、挑战甚至驾驭现实，我没有这样的底气，也不觉得自己有这样的权利。

　　我从心态上开始出现反叛的时间节点，并不发生在低谷时期，而是发生在一切都发展得特别顺利,眼看着手上的事被我一件件做成的时候。我突然厌倦了这种一路以来升级打怪,并且在接下来的十年依然要在别人早就制定好的框架里继续升级打怪的模式。每个年轻人的内心或许都有过类似的萌动,区别在于,有的人用对成熟的误解把这种冲动压制了一生,并安慰自己,"成年人嘛,本就应该如此";有的人却有勇气把内心的小孩释放出来,让一直以来被压抑的自我意识得以正名。但这从来不只是一个简单的心态觉醒问题,它更关乎能力,也需要点运气。

我想,促使我快速做出转行决定的,绝不是一种不够成熟的任性,恰恰是一种进入了成熟阶段后的自信。

大公司由于其体量之大,只能用流程规范去进行管理控制,四大会计师事务所有着节点分明的职业晋升路径,多少年之后成为经理,多少年之后成为高级经理,一切都有章可循。这既是魅力点,也是痛点。清晰可预测,意味着透明、安全感和相对公平,但也意味着不会有巨大的惊喜,没有更多的可能性。对于新人来说,听话就好,能干就好。

在我感到内心有些呼之欲出的东西与之不兼容的时候,身边人都劝我,这是必经之路,哪一个职业经理人不是先从小事一步一步做好过来的,要经得起磨。这种说法实在太具有经验正确的迷惑性了，我差点儿就全盘接受。

但之后我更沉淀地想一想，人的灵性、锐气、激情和创造力其实并没有想象中那么强大和持续，如果不有意去滋养它们，这灵动的一切是很容易被驯化的。那些具有打破性，甚至带点破坏性的思维和行为方式，往往会带来跳跃式的商业机会，也是"一流商科人才"和"合格商科人才"的分水岭，但这些东西哪是说封存就封存，说调用就调用的？不被刻意练习、不被周围环境鼓励的个性品质会很容易消逝不见。一路稳扎稳打过来，即使有一天身居高位，也只敢戴着镣铐跳舞，在框架里做事。

进入区块链行业后，整个世界迎面而来，我接触到的人、信息和资源都变得庞杂了起来。我认识了很多年轻的创业者，有精英派出身，也有野路子出身，但他们都有一个绝对的共同点——大家对于商业模式、对于如何赚钱有着极其深刻的理解。更令我叹为观止的是，一个优秀的创始人的融资能力、销售能力和产品能力都非常强，资源整合简直就像呼吸那样流畅和自然，这种"全能"我好像并没有在大公司的行业前辈身上看到过。创始人的身上往往是一种生存的冲动，有更多原始的力量。创业公司小归小，但只要是老板就拥有绝对权力，直接和金钱与资本打交道。想要控制一件事情的全盘走向，洞见、胆识和行动力缺一不可，这种经历对于一个人的磨炼是颠覆性的。大公司的高管依赖平台和体系，想要凭借一己之力去撬动一件大事是不可能的，平台既然赋予了你光鲜、体面和安全感，你就一定要为此付出代价。对于野心和创造力指数都非常高的人来说,这种需要付出的隐性代价其实很大。

大公司喜欢谈可靠、勤奋、专业,创业公司喜欢谈激情、机遇、创意;大公司教人稳,创业公司教人冲;大公司重视细节的力量,创业公司不拘小节、效率至上。能带着大公司给我的职场启蒙教育,去观察商业世界中野蛮生长的新生力量,这是我个人经历里最大的幸运。

对于事业,我也有了更双重的理解,既可以做拾级而上的事,也可以做从零到一的事,既可以曲线救国,也可以直道而行。大公司苦于新人阶段的重复劳动,创业公司苦于不确定与无体系,最重要的是,弄清楚哪种苦是自己能吃的,哪种苦是相对来说不那么好接受的。在职业方向选择的战略层面上,一定不要挑战自己的舒适区,而应该尽可能让自己舒适,只有舒适了才能自信,只有自信了才能真的做成事情。

这两年常会有一些新闻报道说:"近六成90后在走入职场三年后会跳槽"。我身边很多前辈对这一现象比较失望,他们觉得现在的年轻人不能吃苦,太心急,太自我,经不起磨合等,很难成大器。我倒觉得这是时代的进步赋予了年轻人更多摸索和折腾的底气。能耐得下性子在一个领域深耕固然好,但被新鲜感驱动着去尝试更多的事情,对一个公司来说确实要承担人力流失的损耗,但从更大的层面上来说却未尝不是一件好事。

对于工作,90后在意的是,是否真心喜爱,是否被尊重,是否可以借工作来自我实现和创造价值,只有把工作当事业看的人才会这么在乎契合度,把工作当工作看的人不会。年轻人转行,或者频繁转行,或许不是在游戏人生(即使是也没什么不好的),而是在完成本应该在更早的阶段完成的关于自我探索的命题,这绝对是值得被鼓励的。

只有每一个人最终都能找到自我,整个社会的人力才能真正最大化。

一名"商务"的自我修养

商业的本质，是人类重新配置资源的市场途径。资源的匹配从来不会自然而然地发生，都是由人去推进和促成的。人和人的交互，是整个商业世界中最为浓墨重彩的部分。

四大会计师事务所的工作经历是宝贵的，成熟的平台培养了我最起码的职业意识和职业习惯，也打磨了我做小事的耐心。加入区块链行业后，我的主要工作是商务拓展（Business Development，简称 BD），负责从零到一地建立人脉、争取资源、打通渠道，进而谈成合作，具备极强的与人交互性。

我的老板第一次见完我之后说："你太适合做商务拓展了，健谈、陈述能力强，有气场、有冲劲，还略带一丝狡黠。"但我深知，性格优势只能是到达一定水平之后的加分项，没有人可以凭借性格优势入门一项工作，就像没有人能单凭美貌而成为网红。任何的工种要做到真正的专业，里头细细碎碎的门道超乎你的想象。

创业型公司与大公司不同，它没有额外的人力物力去辅助新人成长，每个人都必须通过自己摸索来迅速上手，但也正因如此，赋予了每个人野蛮生长的空间。我从最初的一张白纸，摸爬滚打着逐渐树立起关于"如何成为一名优秀的商务"的认知。因为这些方法论是自己一点一点感悟出来的，它们就像是从你身体里长出来的一样，比起行业前辈手把手的传授，更具有人事合一的契合度。

谈合作的正确思路

在面试中有一种典型的学生思维误区,就是忍不住进行"我如何如何优秀"的无关论证,或者陷入"我如何如何喜欢你们公司"或"我如何如何看好这个行业"的情感表达,而面试官只想用最低的时间成本获取最有效的信息,即你是否能做好这份工作。

对标到谈合作中,对方其实也并不关心你为什么想做成这件事情以及你们公司有什么样的蓝图,对方只想知道,通过合作他将如何获利。

这个道理本身并不难理解,但付诸实践,能一上来就把关键点聊出来的人并不多。比如我常接到这样的电话:

"您好,我们最近要举办一场论坛,邀请到了××、××等嘉宾,由××资本和××资本联合举办,我们的活动应该是年底华东地区这边规模最大的一场。目前我们的赞助方已经有××交易所和××媒体等,不知道方不方便加个微信,我把我们活动的详细资料发给您。"

这个电话除了让我知道这个活动好像很厉害,以及让我误以为,你就是想要到我的微信号之外,达不到其他效果了。正确的说话方式应该是:

"您好,我们这边有一场赞助性价比很高的活动,和贵公司的品牌气质也契合,不知道最近有引流需求吗?"

这句话就简明扼要地表明了,你能提供给对方一场赞助性价比高的引流活动，并用询问的语气向对方确认，自己提供的利益点是否是对方需要的利益点。一瞬间就拥有了干练的专业度。

所以，试图去谈成一项合作的基本出发点是，你能为对方带来什么。且尽可能让这个信息在双方的交流中出来得越快越好，尤其是在互相不认识的情况下。

等对方有了合作意向之后，也需要清晰地表明，你希望从合作中获得什么。如果一味只强调这个项目对对方多有利，关于自己的索取点只字不提，会显得既不真诚，又不靠谱。

合作的本质是协同效应，是一起达到"1+1>2"的共赢效果。你有钱，我有平台；你有渠道，我有产品。既要为自己想，也要用同等心力去为对方想。只有用上帝之眼的格局去撑成这个盘子，而非用汲汲营营的利己心态去单方面说服，才是谈合作的正确思路。

建立专业的行为范式

初做商务拓展时很容易犯一个错误，是勇猛有余而沉稳不足。一进入论坛或会场就仿佛浸泡进了巨大的资源库，处处左右逢源。

"嗨，您好，我们公司是做××的，最近在做××项目，有兴趣合作一下吗？"

"有你们公司或项目的简介吗？"

"加个微信吧，我等下发 PPT 给你，不过我可以先向你口述一下……"

"等等，那你是什么职位呢？"

"我是商务啊！"

"我跟你聊，你能说了算吗？"

"应该……可以吧！"

如果是初次见面，一定要递上名片，加微信并不能代替"递名片"这看起来有点古典商务范的一环。名片上有你公司的名称、类别和地址，最重要的是，有你个人的职位信息——你归属于哪个部门，你是决策层还是执行层。如果双方都是执行层，那就充分互换信息，然后再分别向各自的老板报告；如果一方是执行层，另一方是决策层，属于执行层的一方在介绍完情况后，应该主动表示会将对方直接引荐给自己公司的决策层。级别与视野对等的人往往会碰撞出更多东西。

所以在最开始，必须让对方知道——你是谁。

如果你是带着具体项目而来，并不限于混个脸熟的，一定要确保你能回答上来关于这个项目的基本细节。比如，有的媒体一上来就说："我们想做一篇稿子，有兴趣接受我们的采访吗？"他甚至不清楚这到底是篇行业稿还是人物稿，也不知道这篇稿子将会放在什么版面，用怎样的力度曝光，那也就让人没有谈下去的欲望了。

最好准备一些关于项目的纸质资料和电子版的资料，简短版和详尽版的都要有。一旦对方有兴致跟你聊项目本身，一定要用一连串缜密的行为规范让对方拥有一次完美的用户体验。对方问到的问题基本能对答如流之外，对方暂未想到的细节，你也可以先主动阐明。比如上述媒体写稿的例子，如果你能告诉对方，采访将会以何种方式进行、持续的时长以及你们会提前多久给到对方提纲，这样的职业风度才能迅速取得对方的信任。

对资源的长期隐忍与耐心

商务和销售最大的不同在于商务考虑的局面更大、时间线更长。销售更关注即时的转化和收益，而一个好的商务要忍耐，要静待一切努力开花结果。

起初，我并没有参透这个道理，哼哧哼哧地坐飞机到一个城市，和潜在客户聊得非常开心，我心想，这一笔合作肯定成了。结果却屡屡让我失望。直到后来我陆续收到半年前，甚至一年前的一些意向合作方的信息和邮件，我才明白，合作需要"天时地利人和"，没有回声并不是因为谈得不好，可能只是时机不对。一个好的商务一定要在内心给资源的发酵留有充足的时间。

平台品牌与个人品牌

不仅仅是作为一个商务，任何的职场人其实都要时不时想一下这个问题：之所以可以获得这个机会，究竟是你本人还是你所在的平台占了决定性因素。最忌讳的就是，明明客户看中的是你所在的平台，而非你个人，你却误以为是自己的能力。如果有一天，你能够凭借个人在业内的声誉为公司带来客户、带来流量，你才是一名真正优秀的、具有商业价值的商务。

比特币的魅力

2008 年，中本聪发布名为《比特币：一种点对点的电子现金系统》的白皮书，标志着一种前所未有的货币理念正式诞生。在我认真阅读白皮书之前，"比特币"早就以各种吸人眼球的方式进入了我的视野：

"你已经错过了互联网和房地产，你还敢错过比特币吗？"

"币圈一天，人间一年。"

"社区某 90 后玩家靠炒币赚了几十亿。"

比特币像个怪物一样横空出世，用绝大多数人还来不及理解的一种存在方式，一举成为迄今为止人类历史上价值增幅最快的资产，赚足了关注和噱头。尤其是 2017 年，比特币一路飙升，最高点时 1 个比特币超过了 10 万元人民币。一早就进场进行比特币投资的玩家跟我说："彼时的币圈夜夜笙歌，各种闭门小型私享会的门都要被挤爆了，无需酒精也可以集体到达精神高潮，醉倒众人的是极致财富的味道。"

比起聊信仰和技术，人们更津津乐道于传奇故事。《乌合之众》一书早就教给我"羊群效应"的道理，倒也不奇怪。作为会计专业科班出身，"谨慎性原则"和"风控理念"早已潜移默化了我的性格，另外，巴菲特"不懂则不碰"的思想塑造了我最朴素的投资观。所以，撩动我的并不是财富层面的光怪陆离，而是一种本能的好奇。

有人对它奉若神明，有人对它嗤之以鼻，争议性最能激发人的探究欲，甚至争议性本身就是一种既存价值。

一位前辈告诉我，在研究新事物的时候，一定要抱着盲人摸象的心态。不断地提醒自己，你看到的只是局部，你也只能看到局部，能找到一些角度去理解它已经难能可贵，不要期待你能用上帝之眼去俯视那些新的技术与知识，要有敬畏之心。

在此，我想分享一下我感受到的这头"象"。

货币为什么有价值

早在原始社会，人类就出现了"以物易物"的交换行为。猎人用一头羊来换取巧匠的一把石斧，这个似乎还值当，如若只是换几个野果子，猎人便心有不甘，不得不用斧子肢解了一只羊，试图只用羊腿来换。但并不是每一个用于交换的物件都可以被分割，物物交换满足不了交易的效率需求，一般等价物必然诞生。

古代诗人荷马的诗篇中，描述过这样的交换关系：

1 个女奴 = 4 头公牛

1 个铜制三脚架 = 12 头公牛

这里的公牛就是一般等价物。《资本论》中写道："一般等价物是从商品世界中分离出来充当其他商品的统一价值表现材料的特殊商品，是货币的前身。"

像古希腊的牛，雅典的大麦，中国古代的羊、布匹、海贝等，存在时间上的不稳定性以及储存与交换的不便性，因此一般等价物越来越满足不了商品交换的进一步需求了,从而导致了货币的产生。

黄金早在一万多年前就被祖先发现,至今仍是最主要的硬通货币。由于其不易挖掘、不易腐蚀和氧化,却易于分割和携带等特点,很容易在价值认知上产生大规模共识,即人们都倾向接受和相信这种金灿灿、亮闪闪的金属作为价值交换载体的合理性。相比之下,易氧化的苹果和遍地可得的黑金属却不容易得到这种共识。

人类文明进入19世纪后,随着世界经济的快速发展,以"黄金"为代表的金属货币开始产生使用上的不便,影响交易效率,且在交易的过程中难免会有磨损。当时如日中天的英国于1821年首发纸币,承诺英镑与黄金挂钩,随后各国也纷纷效仿发行各自的信用货币,金本位制度形成。在第一次世界大战期间,政府需要大量印刷钞票来满足支出,黄金储备又不足,所以纷纷宣布与黄金脱钩,金本位制度崩溃,货币开始泛滥。后来的第二次世界大战,美国成为最大的收益国,彼时的美国拥有世界上75%的黄金储备,由此形成了以美元为中心的布雷顿森林体系,信用货币时代正式到来。人们对于各个国家发行的货币的共识,来自相信其背后的政府,政府作为中心化的机构是货币的信用背书。

不论是黄金,还是如今各国政府发行的法币(如人民币、美元),货币的本质就是一种社会化的共识协议。用更通俗的话来讲,货币本身并无价值,是人们相信它有价值它才有价值,是人们赋予了它价值它才有价值。不仅货币如此,人类经济文明得以运转所依赖的法律、政治、宗教、民风民俗、娱乐也都是基于共识。

这里不得不讲一个经典的商业故事——全球最大的钻石开采公司 De Beers 如何一手打造出钻石的高价值并成为最大的获利方。钻石是世界上最硬的物质，自然可以作钻头，有其使用价值，或又由于其剔透有火彩，有其装饰价值，但这些日常场景中的价值也不会很高昂。1947 年，De Beers 用一句"钻石恒久远，一颗永流传"洗脑了所有人，钻石从那以后不只是钻石，它是关于爱情和婚姻的承诺，De Beers 灵活使用各种营销手段一层一层地让更多人相信了这一点，共识达成，钻石的象征意义也就形成了。自那之后，人们一直前仆后继地为他们自己赋予钻石的意义买单，De Beers 为了不断推高其价格开始控制钻石的产量。这就是共识的力量，共识一旦被创生出来，就会成为全人类的记忆。像 De Beers 所创造的钻石的故事，虽然仔细想想有点像一场盛大的"集体幻觉"，但共识一旦产生，就已经具备价值，或者说，价值的内涵就是共识。

比特币在 2008 年横空出世的时候，很少有人能够理解比特币的底层逻辑，它的第一波支持者是一些无政府主义者、黑客和极客等非主流人群。在比特币的第一场交易中，10000 个比特币只能买一张比萨优惠券，立于现在的时间点回头看，这场交易真像是一场开玩笑似的黑色幽默。但就是靠着比特币第一波支持者的星星之火，吸引了一大波投机分子，撇去其负面因素，投机分子着实给比特币带来了巨大的知名度，扩大了共识人群，比特币的价格也随之飙升。2011 年到 2012 年，最早的一批精英人士入场了，他们有知识、有洞见、有独立思考能力，他们能预见到未来区块链的大潮，他们有信仰，相信比特币的长期投资价值。正是这一批精英人士，真正引爆了比特币的共识，带来了来自传统创投圈、互联网圈和金融圈的热钱，而每一波牛市又注定会带动新的投机分子或信仰者入场。

过去 10 年比特币价值的一路攀升，本质上就是共识人群飞速扩大的过程，共识基础越庞大，比特币的价值基础就越高。2018 年的币圈熊市，除了监管等因素，最重要的原因是在波动、泡沫和浪潮中，投机分子仓皇而逃，共识人群迅速丧失。涨也共识，跌也共识，"共识"才是这一场刺激的币价起落背后真正的操盘手。目前，比特币仍然是小众游戏，而随着更多人理解和认可比特币，其价值自然会水涨船高。

去中心化 vs 中心化

什么是去中心化？百度百科给出的定义是："在一个分布有众多节点的系统中，每个节点都具有高度自治的特征，节点之间彼此可以自由连接，形成新的连接单元。任何一个节点都可能成为阶段性的中心，但不具备强制性的中心控制功能。"定义似乎有些拗口，但这个概念本身却不难理解。拿上课听讲来打比方，老师在台上讲，学生在下面听，这就是典型的"中心化"，老师是这个系统的中心节点，知识和信息都通过中心节点来散布；但如果所有的学生都可以自由发言，可以讲也可以听，便是一个类"去中心化"的系统。去中心化，简单来说，就是没有一个明显的中心，人人都可以是中心，人人也不是中心，每个人都可以和任意一个节点交互。

我们目前的金融体系是一个高度倚赖"中心化"机构的体系,如政府发行货币,银行作为中转节点处理借贷与融资,这些都是中心化的体现。我们大家作为分散节点,为什么不能直接点对点交易,而要选择相信银行,相信一个由我们不认识的人组织起来的第三方机构?第一,中心化机构解决信用问题。大家都是陌生人,我不一定相信你,你也不一定相信我,但我们都相信政府,都相信银行,有了第三方信用机构的背书,卖方不用担心买方不付钱,买方也不用担心卖方跑路,银行作为中心化机构降低了交易过程中的不确定性。第二,点对点交易反复发生,这种反复若没被储起来,那么每次交易都要重来一次,就会有很多浪费,银行作为独立第三方记录交易数据,形成信用评级,把之前的交易协议抽象出来,由此提升效率。

但事实上,中心化的机构存在很多风险。比如银行,一旦银行的大楼被烧,或者信息系统遭到彻底毁损,所有人都无能为力,因为完整的信息和交易记录只单方面掌握在中心化机构的手中。哪怕是提倡信息共享和扁平化的互联网公司,比如阿里、腾讯,他们的支付系统其实也是"中心化金融"。数据资产是当今商业世界最重要的资产之一,大公司掌握海量数据,这正是其壁垒所在,它们不会把核心数据分享出来,古典互联网早就失去了它对于自由的承诺。只要中心化的机构倒塌,整个系统就会崩塌,这就是中心化系统的"单点故障"。

我们为什么相信人民币的价值,相信美元的价值,本质上也是相信衍生出这种主权货币的国家。但早在 1976 年，自由主义经济学代表哈耶克就在《货币的非国家化》一书中畅想多元货币体系，主张货币不应该由政府或者中央银行发行和控制。在他看来，货币的发行从来不是政府垄断的特权，只是由于政府长时间的垄断使民众有了此印象。

2008 年美国金融危机席卷全球，各国政府疲于印钞，人们对中心化的金融系统的信心受到打击，也正是在同年，《比特币白皮书》发布。简单来说，比特币依靠底层算法来控制，由所有网络节点集体管理，分布式记账，不被任何一家机构、任何一个单点控制，比特币最核心的理念就是"去中心化"，契合了哈耶克对自由货币的构想。

搜狗 CEO 王小川有一句对比特币的描述，我觉得非常凝练、准确——"比特币本质上就是一种去中心化的信任机制"。区块链是比特币的底层技术，从感性层面，可以把区块链理解成一个公开的账本，通过点对点的记账、认证和智能合约达成信用共识，不依赖任何中间方。银行和政府通过社会化协议来获得信任，而比特币则完全通过技术的力量来实现信任。

总的来说，比特币践行着自由经济学派"**自负其责，自行其权，自卫其利**"的思想，让理想中的完全市场经济成为了可能。或许只有"去中心化"，才能真正实现在财产所有权上的"人人生而平等"，从这个意义上，比特币或许不是钱，不是币，而是每个人心灵深处隐藏的追求自由平等的梦。

建立健康多元的人脉圈

马克思说:"人的本质是一切社会关系的总和。"中学初读这句话时,我是完全没有共鸣的。那个时候我心里最酷的人,是能"闷声做大事"的人,平常不怎么说话,也不怎么和周围人打交道,但冷不丁就考了全年级第一。大学里对于"优秀"的定义稍许宽泛了一些,连年国奖的学霸和社团中的风云人物可以平分秋色,尽管如此,我仍然觉得"认识很多人"或"能被很多人认识"并不是一件必要的事情,最多就算一个加分项。

我是从什么时候开始,对"人脉"这个概念有了一点点觉醒的意识呢?从大学后阶段需要找实习和工作开始。率先知道招聘信息能获得先机,认识HR的人或许能直通面试,一早就加了相关行业人士朋友圈的话,明显更方便把握职场的行为与思维范式。正式脱离校园圈后最强烈的感受是,达成任何一件事情的途径都远比想象中多。所谓学生思维,就是习惯了人人都在同一套游戏规则下、在别人预先布置好的赛场里进行"硬碰硬"的同质竞争。惯性思维画地为牢,远不如另辟蹊径的人那般轻巧灵活。创业之后就更不用说了,能成为一把手的人,往往是那些"揣盘子"的人,他们拉得到融资,建得起团队,搞得定技术,他们认识很多人。

做学生时,你和周围人都是在同一条跑道上完成同一件事情,且学校里的信息相对对称、透明,你认识或者不认识高年级和其他院系的同学,并不会存在本质上的不同。学生时代的社交更是一种能力锻炼和情绪体验,而并非人脉的概念。

但是,当你一旦决定要从固定跑道上分叉,当你不再想着怎么和身边人竞争,而是怎么聚合更多的人去进行更大规模的协作时,"人脉"作为必需品的重要性就显现出来了。你需要通过人——各种各样的人来点化你的认知,激发你的灵感,协助你的事业。单枪匹马注定会带来维度的单一和小格局的桎梏。

如果你只想做一辈子好学生或好员工,老实说,虽也需要人际,但人脉并不会是那么打紧的事儿。而对于那些想找到自己的支点去创立一番事业的人,对于那些向往行业金字塔的人,人脉则是必修课中的必修课,几乎没有人能绕过人脉的议题获得成功。

人脉究竟可以给我们带来什么

人脉关系层级图

Level 1：信息交换

如果有人邀我在周五晚上一起吃个饭，顺便介绍几个朋友给我认识认识，一般来说只要我没有别的什么事情，我都会去。是否真的交到朋友倒不是重点，只要你去了，只要你坐在那儿，听之前不认识的人说说话，保不准就可以听到一些新鲜的事情和观点。人脉的第一层好处非常简单、纯粹，就是信息交换。

我们现在虽处于一个信息爆炸的时代，科技的发展更是让各种各样的信息渠道都变得唾手可得，但这并不意味着我们不会"信息荒"，打开手机想看点什么，却不知道应确切看点什么。脸书的前营销总监麦克·霍夫克林在《回归商业常识》（*Becoming Facebook*）一书中写道："社交之王——脸书的核心价值竟然不是社交本身，而是为用户提供基于社交网络的信息滤镜，即通过社交圈，来帮助人们在海量信息中筛选出自己真正想要的东西。你的家人、同事、朋友、同学在关注的事情，可能是你潜在最需要关注也最想关注的事情，人需要通过身边的人，来增强对更多信息源的感知。"

我本是一个对珠宝首饰毫无兴趣的人，直到我认识做新珠宝品牌的朋友。她把天然钻、莫桑钻、锆石和各种宝石一一陈列在我面前，跟我讲解折射率与硬度的知识；一起去逛店的时候，她跟我聊店内的陈设、灯光、服务与品牌形象的关系，我这才发觉原来这个领域如此生动可爱，我这才开始留意与珠宝以及泛时尚相关的新闻报道，也开始看一些行业纪录片。这些信息本一早就在那儿，但是，是冷冷的，没有生命力地在那儿，我没法儿注意到它。是身边具体的人和事，构建起我们和各种各样信息源的情感链接。当你对信息有吸收的欲望，你觉得那些跟自己有关，你才能真的吸收进去。

所以，哪怕只是吃过一次饭、聊过一次天，并没有成为熟人的人脉也是有意义的。每个人能记住、能真的去经营感情的人数的确有限，但是能有一些印象，能加微信或领英的人数却可以非常多。我机缘巧合认识过好些网红，虽然大家的个性、成长背景和价值观都不尽相同，之后也不太有机会成为合作伙伴或挚友，但这并不妨碍我通过他们更直观地了解网红经济。这就是收获。

人脉不只是一个单纯的数量概念。认识的人不仅要多，而且要尽可能地多元、多样。刚开始工作的时候，我的微信好友几乎都是四大、银行和券商的，大家会自然而然地都对某类信息敏感、对某类信息钝感，这样其实非常影响认知的拓宽。但当我的朋友圈里有了各种各样的创业者、媒体人、投资人和时尚工作者之后，我发现大家分享的内容非常不一样，对同一事件关注的角度也不一样。你身边的人有多多样，你的思维才能有多多样。而成为一个对别人有价值的人，并不一定要身居高位或满富资源，只要能在自己的领域内有所理解、有独特的观点，你就可以成为一个优质的信息节点，为他人提供信息价值。

Level 2：资源交换

一般来说，只要有相识相逢的契机，就能进行信息交换。如若有缘分在此基础上进行更深入的相处和交流，彼此有了信任和对互相能力的认可，就有机会进行资源交换。真正好的资源交换不是简单的苹果换梨，它会产生"1+1>2"的协同效应。比如你有现成的渠道和客户，我有现成的产品和内容，各自单着都干不出什么事儿，但双方一合计，就能另外起一个盘子，在原有的事业规模上做得更大，然后会陆续带来更多新的可能性，进入一个正向积累的循环，根本停不下来，这是一件会让人上瘾的事情。

有的人本身起点很高，认识的人很多，但是不具备资源整合的思维，他和他身边的人并没有真正联动起来；有的人则非常敏感，哪怕是看起来八竿子打不着的两个人，他都能想出一个结合点。人领先于动物的根本原因，是能利用想象力和共识调动大规模协作。这也是普通人和有成功潜力的人的重要区别：能多大程度、多大范围地去整合你所能触及的各种资源，形成生态，让所有靠近你的人和事都比他们在原有坐标上更有能量，然后用这种能量反哺自己，一圈一圈地循环，形成飞轮效应，这就是我对人脉资源能力的理解。

世界很大，市场很大，蛋糕很大。我真心觉得但凡是有缘相识的人，无论他是做什么的，相似的也好，互补的也好，都应该毫无疑义地成为盟友，一起去占领更大的蛋糕，一起去对抗那些无缘结识的假想敌。要有竞争概念吗，当然。但它只是一个抽象的存在，身边的人其实都没必要成为真正的竞争者。因为厉害的人很多，而你能遇到的人很少，和遇到的人互相扶持达到"1+1>2"的效果，才是最聪明的选择。而一旦你用这样的思维去看待你身边的人，你很难再产生嫉妒、焦虑等狭隘的情绪，你只会拼了命地想去挖掘对方身上的闪光点，看是不是能一起做点什么事情。不知不觉中，你会具备很强的人脉吸附力,这不同于人缘好,也不同于受欢迎,这是通过格局和思维锻造出来的吸引力和个人领导力。

Level 3:能量交换

谈到"朋友"这个词,大家一般都会带着非常积极、正向的反应,但一讲到"人脉",气氛就变得微妙很多。因为"朋友"跟真心挂钩,真心值得提倡,而"人脉"似乎跟利益、功利挂钩,总觉得不能放在台面儿上说。

首先,"功利主义"在伦理学中是一个中性词,和"效益主义"同义。其次,如果你问为什么小时候不谈"人脉"、只谈"朋友",而成人之后便开始谈"人脉"呢?我觉得很简单,小朋友只需要一起玩,而成人有了真正去创造和输出的能力,成人需要一起做事情。好朋友一起吃火锅固然快乐,但能和合作伙伴去做成一件事情,是另一个维度的幸福。

第一层级的信息交换和第二层级的资源交换,完全有可能都发生在**弱关系**之间,弱关系并不主要靠感情维系,正因如此,才有可能多和广。当然,也是因为"弱",可能稍纵即逝,不那么坚固。人能经营好弱关系,当然是一种能力,但如果一个人只有弱关系,其实也是一种莫大的遗憾。

Monica在一家媒体做市场,我们因为工作关系认识,在整个对接的过程中,Monica非常专业、干练,我对她的印象很好。第一次的合作很愉快,便自然而然有了第二次、第三次,彼此更加熟悉和信任之后,我们互相引荐了更多的人给彼此认识。一来二去之间,我们开始在工作之余一起约着吃饭、喝酒。Monica 坐在我对面说："今晚我们是闺蜜的约会，不聊工作哦。"我说："好。"我们都脱下了职业化的工作风格，聊儿时的梦想、突如其来的灵感和逝去的恋情，惊喜地发现原来彼此那么相似，惺惺相惜。

后来，Monica 换工作去了北京，我们鲜有机会再见面，但依然会每半个月视频通话一次，聊一聊近况，聊一聊让自己或沮丧或骄傲的小事儿，一挂电话，互相都觉得像被对方补了一剂血。现如今我和 Monica 早已是真正的挚友。能不能互换资源或信息早已不是我们在意的事情，我们希望对方真的开心、真的自由。如果说还有什么交换，那是一种能量的交换，非常美好。

能进入第三层能量交换的人脉可遇不可求，需要一些运气和缘分，这是一种渗透进彼此灵魂的关系。毕竟，在所有潮水退去之后，与真正互相理解的人把酒言欢，这种细节与朴实的快乐才让我们觉得人生真的有温度。

在心理学上有这样一个概念：人的能量是要流动的，既需要前行的能量，也需要后退的能量。互相鼓舞激励、一路扶持前行当然是一种非常正向的能量，但如果身边全是鸡血型的人，则只能吸收到这一种能量。单向能量无法使人的内心健康地流动起来，长此以往有可能会变得极端。所以，每个人的身边既需要插科打诨的人，也需要只跟你嘘寒问暖、分享生活琐事的人，这些后退的力量可以构成你死命向前冲时的温柔底色，和想示弱想回头时的温暖慰藉。只有当你身边聚集的人格类型足够多样的时候，你才有可能从不同的人身上吸收不同的能量，让自己的心灵日常处于一个舒适的流动状态。如果试图把"前行能量"与"后退能量"寄托在一个人或有限的几个人身上，会让关系的负担加重，难免会有失望的时刻。

人脉固然有出于利益层面的考量，这本就无可厚非，但单从利益角度去理解人脉是不公允的。归根结底，人脉第一层信息交换是帮助拓宽认知；第二层资源交换关于协作，增加创造的可能性；第三层能量交换充沛人的心灵。

没有人脉能力强的人会羞于谈人脉。

如何结识大人物

"大人物"是一个相对概念，指的是从经验、资源、眼界等都要远超于你的人，他们基本可以向下兼容，理解你能理解的所有事。

我对结识大人物充满了热情。

前两年在《中欧商业评论》的庆典上认识了一个咖啡品牌的创始人，她坐在我的右手边，听得非常认真，我们全程没有窃窃私语一句。活动快结束了，我正准备上前攀谈，她说："我马上就要去机场了，要不咱们今天先加个微信？"我问："您订车了吗？"她摇摇头。我二话没说，赶紧叫了一个车，帮忙拎包拎箱子。送她上车时我试探性地问："您介意我陪您坐车一起去机场吗？就是随便聊聊，反正我闲着也是闲着。不过您今天应该也很累了，咱们也可以下次再约。"做出这种莽撞的邀约时，一定要在最后一句话为对方设置台阶，如果他想拒绝，就会顺着台阶走下来，不至于让场面太尴尬，如果他不想拒绝，则会忽略这个台阶。

我很幸运，她没有拒绝。我说："就是觉得您特别专注，太美好了，情不自禁想再多跟您接触一下。"她惊呆了："我还以为你是相关行业要跟我合作，或者也是做品牌的呢，你还真的就是纯粹为了聊聊天，特意跟我过去机场一趟啊？"我点点头。那天，她的飞机延误了，我们一起在浦东机场吃了晚餐，聊得很开心。

半年之后，她给我发来微信说，周末在上海有一个红酒发布会，是她好朋友办的，如果有兴趣，可以带我一起过去玩一玩。我自然是受宠若惊，迫不及待。她当天把我介绍给了她的很多朋友，我很感动，悄悄跟她说："我发誓当时死乞白赖地送你去机场，只是想跟你多说几句话，没有想过今天的这些哦！"她笑了："我当然知道啊，看得出来的。"

人的自信除了天性和底气之外，还有一条很重要，是关于成功的记忆。如果一件事情你曾经做成过，之后再做同样的事情时就会充满莫名其妙的自信。之后，但凡我有一点点能够链接到大人物的契机，我都会争取一下，不会脸皮薄，也不会玻璃心。我的心态是，被拒绝是正常的，但如果对方愿意跟我聊几句，我就是赚了。

我在彭博的活动上第一次见到了某知名数据公司的曹总。他是演讲嘉宾，我是参会观众，当时完全被他的现场表现能力折服了。作为压轴嘉宾，抛出一个又一个的梗让全场笑声不断，对艺人的商业价值和大文娱行业趋势切入的角度也让人耳目一新。快结束时，很多人找他聊天、要微信，我自然是其中一个。大概在一个月之后，我正好在北京出差，便发微信给他："曹总，您上次说，来北京尽管来找您参观一下公司，我来了，哈哈哈。"我本来没有抱什么希望，只是例行一下"如果有机会就争取一下"的流程，没想到马上得到了回应，"没问题。不过明天周一，一上午的例会，中午只能委屈你和我在公司吃个便餐了，怎么样？"

更神奇的是，我本以为用 40 分钟吃中饭的时间聊一聊就非常了不起了，结果当天我在曹总的公司待了 3 个小时。关于行业、关于公司、关于管理团队和他的个人职业历程，曹总跟我讲了很多。我感慨不已："曹总，您太好了。一个小姑娘这样莫名其妙地跑过来，您能知无不言分享这么多，我觉得超级感动。"他说："你很会聊天。其实也不是单纯为了和你分享，表达本身也是在满足我自己。感谢你做我的听众。"

不久之后，恰逢元旦，我给曹总寄了一箱车厘子，我在卡片上写："非常感谢您的时间和精力，之前在您办公室有看到水果拼盘，猜您爱吃，故寄车厘子一箱，元旦快乐。"

我和很多喜欢社交、对人脉资源敏感的人一起探讨过"如何结识大人物"的问题，也看似总结出了一些规律和方法，比如尽管层级不对等，但还是要从力所能及的小事儿上去帮助对方啦，比如结识之后要时常主动更新近况，感谢对方对自己的帮助啦。但所有的事情做多了之后，我发现终会返璞归真，大道至简。我现在觉得其实并没有那么多门道，说起来有点老土，但归根结底就是一条——**真诚，极度真诚**。你是真诚地欣赏对方，你是真诚地想提升自己，你是真诚地对很多事情感兴趣，或许有小小的目的，或许根本没有目的。越是对于你而言可以称得上"大人物"的人,越有能力捕捉这种真诚的心性。

真诚是一切技巧之本,真诚穿透一切。

把自己放在明处

在结识人脉这件事情上,其实有一条铁律,就是你永远无法真正结识到你不能产生化学反应的人。即使聊了天、吃了饭、加了微信,如果对方对你的风格毫无感觉,其实是怎么费力都没有用的。

以前不敢过多地暴露和表达自己,是怕有人会不喜欢,有人会和我意见相左,在一开始就把别人吓跑了,对自己来说不是一件好事。但是,如果通过适时伪装和审时度势这样的技巧,即使链接到了更多人,也并不会有太多后续的故事,反而浪费了心力。

其实可供我们认识的人,远比想象中的多。既然盘子够大,所以抓住那些既能吸引自己,也能(至少从某些程度上)被自己吸引的人就足够了,懂得舍弃才能让人脉处理真的高效。

把自己放在明处,让别人看得见自己,不仅仅是表现欲那么简单。这其实可以是一种**"吸附战略"**。通过疯狂地输出和表达,吸附朋友,吸附感情,吸附事业机会,吸附真正的志同道合之人。只有足够的暴露,才有足够的吸附力,这才是真正的主动。而隐藏着自己,包裹着自己,觉得我还是别轻易展现什么吧,等到看到合适的事情和人,此时再去主动,反而是把自己放在被动的位子上了。

职场技巧篇：饭商｜邮件写作｜公共表达｜碎片时间管理

饭商

中西方的用餐理念很不一样。西餐就算是共坐一桌，也多是一人食。西餐注重从前菜到主食到甜点的口感与节奏递进，餐具的复杂表现出一种仪式感，重点在于人与食物的交互。中餐总是热热闹闹的，圆圆满满的，你帮我盛碗汤，我帮你斟杯酒，一股脑子，话题和菜就全上来了，重点在于人和人的交互。

这样想来，似乎就更能理解为什么国内的职场环境喜欢一边吃饭一边聊工作了。"下次有机会咱一起吃个饭。""一定一定！"——这已经是一句顺理成章的职场寒暄。

我觉得这其实有它很合理的地方。一来，在一种非商务的氛围下，人更容易放松自己、袒露真实的想法，从而快速建立起相互的信任；二来，从交谈到用餐，一顿饭下来，包含着千千万万的识人细节。

"饭局"既然是职场的延伸场景，那"饭商"自然也就成为了"职商"的一部分。当代人或许有一万种方式来认识彼此，但终因一顿饭而熟络，因吃饭时的某个细节而动心。推杯换盏间，有许多值得我们花心思去总结的礼仪与门道。

如何优雅地点菜？

如果是大家一起吃西餐，一般来说都是各自对着菜单点自己的，这就很简单，只要注意别点自己驾驭不了的、过于掉渣掉馅的食物就可以了。难的是，你一个人，要全权负责点一整桌的菜，这就颇具技术含量了。点菜可能是由主人方引导，但也可能是由客方主导，有的时候是由全桌最资深的负责点菜，有的时候却是最年轻的负责点，这些情况我似乎都遇到过，都有可能发生。

第一个原则是，兼顾时节与搭配。对食材和节气有所研究的人会很轻易在饭桌上显得优雅而渊博。"现在正是吃大闸蟹的时候，九雌十雄，9月是吃母蟹的最佳时节。""秋天变凉了，点些健脾的食物吧，饭后甜点上红豆沙怎么样？"这样的话不用太多，适时带上一两句感觉就会很不一样。

点菜的数量其实并没有什么严格的标准，取决于人数、菜系和菜量，如果是主方就尽量点多别点少。全桌一定要有撑得住场子的菜，一般是餐厅的特色和主打，既能让大家吃饱，外观上也大气好看，这个可以引导着大家一起商量决定；对于辅菜，各个风格的都来一些，口味重的或是清淡的，好吃的或是好看的，人多的时候辅菜就不必和大家一一商量了，反而会显得拖沓。

对于你不够熟悉的餐厅，一定要叫上点菜经理帮忙一起参谋，如果这家餐厅是你帮忙订的，可以提前打电话或者提前到场和点菜经理当面沟通。好餐厅的点菜经理是非常优秀的，他们教会我很多，不得不说，生活中处处都是学习资源。

第二个原则是，要尽可能照顾到桌上的每一个人。单是点菜这一环，就已经可以是一个人情商、沟通能力、控场能力的综合体现，如何周全大家，如何润物细无声地引导。如果在场有比较多人第一次见，不妨一开始就问问大家有什么忌口，对于老板和熟悉的同事，在平时就可以留心大家的喜好。分享一个细节。如果你问："吃羊肉吗？"对方先愣一下，然后微笑说："没关系，我都可以的。"那大概率是对方不吃。

第三个原则是，一定要有预算意识，随机应变。如果你是帮老板点菜，心里一定要有数，一边点一边心算一下，预算金额要提前问，来不及的话当场赶紧微信沟通一下也是可以的。点菜经理推荐非常贵的海鲜时，一定要果断拒绝，你直接拒绝好过老板委婉拒绝。其实最容易失误的是点酒，我之前遇到过一些酒单不附价格的餐厅。这个时候千万别逞强，闭眼就点了一瓶价格会超过你想象的酒。直接说自己不懂，把点酒的任务推给桌上更有经验的人就好啦。

另外，负责点菜的人要自觉观察菜是否上齐，还有几个菜没上，适时地催一催服务员。结账的时候，先把账单核对一下再递给老板。

需要提前准备话题吗？

2017年现象级电视剧《人民的名义》里，山水集团的女老板高小琴说，早年调教她的人留给她最受益的一个习惯就是见一个重要的人之前要准备三天。她见侯亮平的时候,在饭桌上看似脱口而出的话其实都经过精心准备,从克林顿到斯塔尔,都是她提前查好的资料。自从看过这部神剧后,我已经隐约感觉到,所有发生在职场环境中的聊天看似随意但并不随意,像准备一场演讲那样去准备聊天话题并不为过。

我曾经遇到过一个非常厉害的董事长秘书,我和她在吃饭当天才第一次见面,事前只是加过微信,她当天一见我就说:"胜子,在网上看过你《一站到底》的视频了哦,非常棒。"吃饭时,话题无论落到在场的哪一个人身上,她都能不经意地带出几句相关的话,或是对对方的介绍,或是讲一个他们之间发生的小故事,一方面让每个人都有参与感,同时由于她的描述,所有人都对彼此有了更多的了解,从而使整个场面更加圆融。

即使你不需要承担"话题引导者"的角色,准备也总比不准备好。除了聊在场的人之外,还有一些极其高频的话题,比如聊食材本身、聊酒、聊各个地域的饮食特色和差异。中国作为一个饮食文化大国,哪怕不为聊天,也本就值得去了解一下这些。我觉得看《舌尖上的中国》纪录片就非常好,遇到任何省份的人都能掰扯两句。

所谓聊天能力,除了表达,也关乎倾听。我理解中的倾听能力,就是学会去成就他人的表达欲。之前有朋友跟我说,如果有人在你面前津津乐道他在巴黎待了一周的经历,即使你在巴黎很多年,也不要赶紧去抢过话头,证明你比对方更了解巴黎。要听别人讲,纵容别人去讲。我倒不觉得这是某种技巧,每个人都渴望表达,每个人都渴望被关注，倾听主要来自一种发自内心去成人之美的善意。

职场新人尤其要注意什么？

第一个要避免踩的坑是：你绝对不是为了吃饭而来的。千万不要全身心都投入美食当中了，无论大家在讨论什么，你都是直勾勾地盯着菜，和大家完全不在一个频道上，这样就真的会很失态、显得孩子气。

第二，不要不懂就问。职场新人一般来说全程以聆听为主，能从前辈的交谈中获取信息、学到某种沟通话术当然最好，碰到理解不了的地方，默默在心里思考就行，不要冒冒失失地去打断、去提问。不确定的时候，沉默永远是犯错成本最低的回应。

第三，要有眼力见儿。做新人就要有做新人的自觉，和服务员沟通、加水、催菜、为邻座添菜这些琐事要尽可能勤快。重要的客户讲话时，放下筷子去倾听，以表示尊重。

吃过饭后怎样得体地跟进？

如果是一顿非常正式的饭，那在吃完饭当天可以专门发邮件感谢大家的出席，顺便简单总结一下聊了什么、达成了什么共识。如果这顿饭只是为了让大家互相认识、联络感情，那也应当发信息去感谢邀请你的人。对于当天认识的比较有眼缘的人，主动发信息表达一下"很高兴认识"的意思。指导思想就是，礼多人不怪。

其实具体怎么去做倒是次要的，但一定要有"跟进"和"反馈"的意识。对于有潜在合作机会的朋友，毫不犹豫地约下一次。积极、主动和适当的要性在职场中都是一些好的品质，毕竟没有任何的生意会不请自来，都是在一来一往的过程当中展现真诚、展现能力、展现共赢的决心。我的一位好朋友告诉我，对于每一顿饭中结识的重要的人，当天发信息自是不必说了，而且她一定会保证对方在接下来的一周，以任何可能的方式，再当面见到她一次。

我见过的所有商务拓展能力强的人，都对身边的资源极其敏感、极其珍惜，他们也往往最能把一顿饭的价值利用到极致。正是这种极致，会形成一种很强的吸附力和职场魅力，久而久之就形成了"强者恒强"的马太效应。

邮件写作

在商学院念书的时候，有一次老师大发雷霆说，全班发邮件交上去的作业，有一半甚至不用打开附件就已经可以判定为不合格："作为一名商学院的学生，你们连写一封邮件的常识都没有。邮件的正文就不能写上'某某老师，这是关于某一门课程的第×次作业，请见附件'？落款连姓名也没有，有的甚至标题也没有。这一点起码的礼仪都不懂，报告写得再好也没用。"

这是我在大学期间印象非常深刻的一件事，也一直敦促着我对写邮件格外上心。邮件不论是发给谁，正式的还是非正式的，哪怕只是在正文简短写上一句"亲爱的某某，详细情况请见附件，谢谢",也绝对好过二话不说。

电子信息时代,很多时候我们都是"未识其人,先见其邮"。你在网络交流中所体现出的基本素质,其实就是你言谈举止的一部分,甚至是比重更大的一部分。虽说随着通信科技的发展,职场的沟通方式日益便捷和多样,但邮件依然是最正式、最常见的一种。

创业后,我每天都会收到各种各样水平参差不齐的邮件,也愈发感受到,如果收到一封用词到位、表意准确、结构明晰的邮件,简直让人如沐春风。邮件如果写得七零八落,你会下意识觉得跟其合作肯定也是一地鸡毛。

道理好像大家都懂,但奇怪的是,肯稍微花点心思去研究如何把邮件写好的人仍然不在多数。有的时候会觉得每个人都很努力,但有的时候觉得也不过如此,因为你只要在每件小事上多留心一点点,就可以轻而易举地超过绝大多数人。还是要用心,用心比什么都重要。

逻辑是第一要义

邮件的整体观感要简短、要清晰、要结构化,但支撑起这些要求的,是逻辑。首先,你到底要讲几件事情,如果是一件事情,那每一段要讲什么,比如可以第一段交代背景,第二段阐明具体观点,第三段给出自己的建议,第四段结尾。如果你是要讲一个不够好的消息,或者要聊一件比较尴尬的事情,那开头段的篇幅可以比其他邮件略长一些。

但凡是写作相关的练习，都是从模仿开始的，邮件写作也不例外。当你读到一封文风利落的邮件，感叹之余，把它们复制或摘录下来，哪些是表达歉意的，哪些是表达感谢的，哪些是用于说服的，哪些是用于拒绝的——分门别类，归档整理，不会措辞的时候，确保自己有可以参考的资料。

我一直觉得职场中的沟通技巧，文字能力比口头表达更重要。除了发邮件之外，如何发一条微信、如何发一则真的在说事的公开说明，也很见功底。不同的人的水准非常不一样。

提升内容的感染力

虽说邮件的整体风格要商务、专业，但并不意味着每一封邮件都要干巴巴地像机器人写出来的那般千篇一律。文字因为没有语气和表情，本身就会有点硬硬的，让人有距离感。特别是对于"请求类"和"销售类"的邮件来说，尤其需要加入一些比较人性化的东西。

商务邮件提倡"简明扼要、开门见山"的风格，但开篇第一句还是可以有些有人情味儿的寒暄。比如，你和收件人一个月前刚在纽约碰过面，那比起直接有事说事，最开始完全可以先来一句"上一次我们在纽约的谈话非常开心，对您的很多观点都印象深刻"，这样一下子能够让对方回忆起你，读邮件时能够有带入感，会有助达到效果。

如果觉得写出来的句子有些直来直去，显得不够礼貌。可以适当用一些"软化词"来把硬邦邦的口吻变得柔和。这里我用几个英文句子来打一下比方：

示例1：

软化前：I want more time to finish the project.

（我想要更多的时间来完成这个项目。）

软化后：I would appreciate it if I could have more time to finish the project.

（如果可以给我更多的时间来完成这个项目，我会很感恩。）

示例2：

软化前：I think you need to rethink the marketing strategy.

（我认为你需要重新考虑一下营销战略。）

软化后：I am afraid you need to rethink the marketing strategy.

（我觉得你恐怕得重新考虑一下营销战略。）

点击"发送"前的检查清单

在刚开始工作时，几乎大家都会有过的一个失误就是"撤回邮件"，如果撤不回来，就不得不补一封邮件说："不好意思，请大家忽略上一封邮件。"失误的原因有很多，有时是忘了加附件，有时是在发送的那一刻猛然发现了明显的错别字，有时是添加错或者添加漏了收件人。

这种粗心一般只会发生在职场新人身上，老手们几乎不会出现这样的情况。所以粗心并不是概率问题,就是能力不够。

以下是我点击"发送"前的检查清单:

1. 有无**标题**(是应该延续之前的标题,还是另起一封)。

2. 是否添加**附件**,是否在正文中提示收件人附有附件。

3. 所有**收件人**和抄送人是否添加齐全,是否要注意收件人的前后排序。

4. 看整体**格式和排版**,有无明显的空行、分段和标点错误。

5. 扫读三遍,确保没有**错别字**,可以先发给自己进行"预览"。

公共表达

"公共表达"几乎是所有职场人的刚需。并不是一定得要一个正儿八经的舞台、给出专门的话题去演讲才叫公共表达,它可以随时随地发生。比如大家聚餐或年会时,你被叫起来半正式地谈谈感想,又比如在会议上,你需要代表部门做一个即兴的陈述,这都算得上是公共表达。那些富有魅力的公共表达者,往往最容易建立起个人的职场影响力。

虽然有人天生就更喜欢输出、更享受众人的目光,但"公共表达"终究还是一个需要被刻意练习也一定可以习得的技能。小学的时候去上演讲特长班,老师花很多时间培训我们的台风、语气语调和自信,这对小孩子去入门公共表达当然是大有裨益的。但是对于成年人,公共表达的灵魂永远是思维和观点。我遇到过那种普通话不标准、走上台甚至有点畏畏缩缩的表达者凭借其缜密的逻辑让全场渐入佳境，最终获得满堂彩，也见过那些一开口就自信满满的人由于通篇毫无亮点，反而让人觉得"雷声大，雨点小"。所以，公共表达绝对是内容为王，表达者的自信并不来自你是不是一个经验丰富的演讲家，而来自你是不是一个真的有观点的人。

提升公共表达的关键是，成为一个对事物抱有观点的人。观点的角度要多、形成速度要快，并且具备能把框架式腹稿转换成口头语言的能力。而要练习这些技巧，并不需要特定的场合和听众，比如你刚在去往机场的路上读到几则骇人听闻的新闻，那在下车到走入机场那几分钟之内，就可以强迫自己迅速讲一讲对这些新闻的解读和看法。这是我常用的一种练习方法。我经常走在路上念念有词，为了不让路人觉得太奇怪，我会常带蓝牙耳机，让别人觉得我在打电话，事实上我只是在自言自语练习公共表达而已。

另外，要想不断提升自己的表达能力，一定要学会倾听。瞄准你想成为的口若悬河的表达者，在每次听完他们讲话后，尽可能去瞬时记忆他们的发言，在脑子里多感受几遍，多来几次你就会发现，每个人在表达的时候，都有自己一套惯用的观念模式，这个东西一旦被你观察和总结出来，就完全可模仿、可复制。脑子里存下的观念模式越多，你在遇到一件事情时能迅速调动出的角度也越多，角度综合起来会形成观点，观点会给你表达的欲望和自信。

Presentation 是公共表达的一种，一般比较正式，会有专门的听众、场合，会有幻灯片的辅助。在华威商学院念书的时候，起码有一半以上的课程的期末考试都是做现场 presentation 来给出分数，并不是写报告或者试卷。

我对 presentation 的启蒙应该来自看 TED 演讲。我之前翻出来我大学时的两个笔记本，上面密密麻麻地记录着我听 TED 演讲的心得，每一个演讲我都分了三块做笔记。第一块是关于演讲内容本身——我了解了一种怎样的新观念、新思想；第二块关于英文——有哪些精彩的句式和词汇；第三块则是各个演讲者做 presentation 的技巧和特点——如何用 PPT 巧妙而不呆板地梳理逻辑，不同的演讲者有着怎样不同的台风差异，要用怎样的开场把听众自然带到自己的思维里，如何在科技感或商业感较强的主题里贯穿人文关怀，又如何在情感表达为主的演讲里加入数据和理性的力量。处处值得留心，处处值得钻研。

关于怎样做一个好的 presentation，我个人觉得比较重要的四点是：

1. 激情

激情这个词讲起来很单薄，但确实是最重要的。卓越的演讲者通常天生就有着很强的舞台欲和表达欲，激情是他们骨子里的东西，这一点后天很难培养。如果你不属于这一类人，那至少要做到两点。第一，讲你自己想讲的话，要想感化别人，先要感化自己；第二，要爱上对着镜子练演讲。激情很大程度上来自自信，而自信来自你足够知道并且足够有把握你将会在舞台上呈现一个怎样的自己。

2. 构造故事线

任何人都喜欢故事，这一点不分年龄，不分职业，不分国界。所谓故事，并不需要是一个完整的或者很长的故事，它可以只是简简单单的几句话，看似与你的主题无关，但却能很好地起到"药引子"的作用。再深邃的思想，再有魅力的观点，用力太急太猛，听众是接不住的。一定要以故事为桥梁，循序渐进。不管你面对的听众来自什么背景，记得把他们当小学生看，把复杂的东西讲浅显，把枯燥的东西讲有趣。

3. 讲点不一样的东西

话说回来，归根结底其核心还是在于你的内容。如果你的思维、你的思想足够独一无二，即使你没有太多的演讲技巧，没有我们老生常谈的眼神交流、抑扬顿挫，甚至也没有构造故事线，但也仍可以保证一定的吸引力。TED演讲里不乏一些科技和理科天才，他们语速很快，面无表情，他们演讲成功的原因在于他们讲的东西实在是我们闻所未闻的。

4. 尽可能多练习

每一个18分钟左右的TED演讲的准备时间都在半年到一年左右。无论你的经验有多丰富，多练总是没有错，每多练一遍，你对语气语调和内容的掌控就会越老练一分。

表达这件事情，看似门槛很低，但要真想说得好、说得准确、说得有说服力，却有着相当的壁垒。提升公共表达，一靠反复与刻意的练习，二靠充足的准备，既不能一蹴而就，也没法一劳永逸。

优秀的表达者主要靠两把刷子，一是清晰的逻辑与认知，二是与他人共情的能力，前者打开受众的理性开关，后者打开受众的感性开关。并不需要两项都拿高分，场景设置、讲述故事的能力非常强的话，逻辑和观点次一点也不要紧；思路和观点力透纸背的话，普通话不标准、台风不佳也毫不碍事。如果这两项都差不多的话，你会拥有更高的平均分和更低的极限分，所以要靠"量"取胜，给人一种你永远可以稳定发挥、永远在水准线之上的感觉；某一方面特别强的话，容易突出也容易扑街，重点打造唯一的代表作。

总之，表达是一件越磨越精深、会让人上瘾的事儿。

碎片时间管理

凭借着中国巨大的 C 端潜力，移动互联网上半场精彩纷呈，也为"流量红利"时代画上了一个句号。接下来显然已经不是跑马圈地之争，如何占领用户时长，才是下半场的重点。不论是传统巨头 BAT[1]，还是后起之秀 TMD[2]，都深谙这一点。

在某个刷完短视频而倍感自责的夜晚，我突然想明白了，作为个体，如果没有极其清晰的时间管理理念、敏锐的警惕性和刀一样的执行力，仅凭那一点若有若无的自制力，根本无法抗衡由资本、

---

1. BAT，指百度（B）、阿里巴巴（A）和腾讯（T）。
2. TMD，指头条（T）、美团（M）和滴滴（D）。

技术、专业团队所共同编织的关于碎片时间的美丽泡沫与谎言。

时间、信息和注意力的碎片化并不是最可怕的,由此导致的思维和心智的碎片化才是致命的。内容的轻量化趋势已是不争的事实,但我们依然可以主观能动地将碎片时间体系化。

不要在零碎的当下做决策,零碎的当下只负责执行

想象一下,如果你突然面对飞机延迟的情况,时间不长不短,半个小时左右。这时你似乎觉得应该做点什么,但做点什么呢?看集美剧?没带耳机。回个邮件?还是飞机上回吧。看几篇收藏夹里的文章吧?打开微信——诶,怎么点进了朋友圈?先随便刷刷吧。没意思,退出去,我还是去找收藏夹里的文章。这时,该登机了。

碎片时间之所以称之为碎片时间,本身就不长,一般5—40分钟不等,而且很多还不在规划之中。如果你等碎片时间到来时才决定要干什么,那时间基本会耗在摇摆和决定本身上。因此,总结出在你的工作生活中可能出现的碎片时间类型,提前决定好你在不同的情况下要做什么,到时只管执行。

比如:打车去机场的路上——听播客(车上阅读损伤视力,但刚好比较安静,适合听音频);登机起飞前——阅读财经新闻(新闻适合用碎片时间看,一般机场也恰好有报纸);等人见面——温习对方的朋友圈(心神不宁的时候索性做点娱乐的事,还可以为等下见面提前准备话题);泡澡——看美剧(泡澡和美剧的时间均在20分钟左右,时长吻合,且有助睡前放松,感觉来了跟读几句台词,浴室里的音效也很好)。

另外,为了防止届时又纠结到底听哪个博客,到底点开哪个 app 看新闻或者刷哪部美剧,事前的决策越细致越好。比如,起飞前 10 分钟就是看 FT 中文网,面膜时间就是看《经济学人》,后者的难度和专业度都更高,更适合在安静的环境下阅读。

通过不断重复形成每一个零碎场景下的本能反应

一旦做好决定,就不要再轻易更改,否则你的大量精力会耗费在"决策——更改——适应"的无限循环当中。比如你今天决定排队的时候背单词,觉得效果不好,明天决定排队的时候看新闻,后天决定排队的时候专门来闭目养神或吾日三省吾身,到头来,你又忘了你今天排队的时候到底应该干什么。过度频繁地更换你的计划,会让计划在你的心里失信,从而让计划这件事失效。你原本的计划是否英明并不重要,是否能言出必行地完成才是最重要的。

说实话,在你最开始决定利用某段碎片时间做某事的时候,是不可能很快上手的。不习惯在机场阅读,或许老担心等下排到自己怎么办。但是,随着你一次一次地不断重复,这种执着会骗过你的感官,到后来你甚至会有一种在机场排队就应该看财经新闻的生理反应,而且你特别能把握一段多长的队伍看一则多长的新闻会刚刚好。人事合一的境界,出神入化。

所以,有意识地去利用碎片时间只是第一步,能够执行的人很少,能够反复执行直至每一段碎片时间都形成一种行为模式的人就更加少之又少。利用好碎片时间，是一件很多人都聊过、想过，但壁垒却非常高的事情。也正因如此，才更值得一做。

零碎状态尽量服务主线的状态与目标

人的思维和情绪有惯性，"进状态"和"出状态"是一件成本很高的事情。因此，不要把你的零碎片段单独抽离出来，尽可能让它和你目前最主要的调性一致。比如，你这十天在旅游，那零碎时间可以用来整理照片、查看当地的历史和新闻或者写写简单的心得游记；比如，你近段一直在开一些英文会议，那登机前后看国际新闻就是最好的。

我发现有一件很神奇的事情，就是你越需要什么信息，你就越有可能碰到什么信息（事实上是，当你潜意识里需要某类信息的时候，它们一旦出现，你会更敏感）。所以我不止一次在一些正式场合发言的第一句话是："刚刚上飞机前我正好看到一条新闻说……"这种开场会很自然又很贴切。

碎片时间全部投入某事的巨大能量

前三条都倾向讲碎片时间应该如何设计才能高效利用。但其实还有一种利用碎片时间的方式，就是不管三七二十一，只要有时间，不管几分钟还是几十分钟，不管身处何地，全部投入做一件事。比如我有一个朋友说，他的公众号文章全是在碎片时间写的，等上菜、等人、等车，他从来没有占用过一点点正式的整段时间，我当时震惊了，因为他非常高产，我以为刻意花了很多时间。

所以，碎片时间全部投入做一件事，是能量最大、效果最明显的。但这件事必须是你非常热爱、非常想做，心里脑子里都有的一件事，否则不可行。

写在后面

情不自禁想去竞速是一种时代心理产物，我毫不介意加入这一场大狂欢。但是，跑赢自己、跑赢周围的空气，或许并不需要靠熬夜去打时间战。优化自己的日常行为方式，比如高效地利用碎片时间，才能真正事半功倍。

作为一个同样向往极致成功的人，我发现过早去消耗自己、为了吃苦而吃苦只是一种自我安慰和自我表演。我们应当相信，通过不断优化自己的生活战略和行为方式，或许在一种心灵和身体都相对轻松的状态下，也能去往我们想要到达的彼岸。

因为相信，才有可能实现。

延伸篇：职场中的雌竞与雄竞

我的一位女性朋友曾经问了我一个问题，为了保持一个职场女性外在形象上起码的体面，你每天大概要花多少时间。

我算不上一个对自己的生活琐碎打理得非常精细的人。但再怎么样，我每天早上至少也要花 40 分钟进行简单的护肤化妆、洗头发吹头发。如果当天要见客户或者主持会议的话，还要戴隐形眼镜、熨衣服和佩戴首饰。平常通勤穿平底鞋，高跟鞋装在包里，粉底口红也会常备，准备随时补妆。晚上再卸妆、护肤、敷面膜。

这些只是每天的日常，还不算上购物、研究购物、阅读时尚资讯、健身和每个月去发廊和美容院的时间。

我承认爱美之心人皆有之，我也承认女性爱美、爱打扮的天性确实要强于男性。但什么是爱美呢？八九岁的小姑娘，摘一朵小红花别在耳边，这是爱美；第一次穿上高跟鞋或涂上口红，对着镜子反复端详自己，这是爱美。既然是天性，它就更应该是一种流动的灵感和与某种冲动有关的东西。仅凭天性，无法支撑起一个人日复一日、兢兢业业地去为了变美付出相当多的时间、精力和金钱成本。所以真正驱动这些的，其实并不是爱美的本能，而是当代女性集体式的"外貌焦虑"。事业上的优秀和成功还远远不够，同时还要美丽，要光彩照人。

可是，女性要在事业上真正与男性争霸本就存在一些要突破的局限，同时还要时尚、优雅、得体。职场女性究竟拿什么去满足全面的高要求，又是什么把她们陷入了这样的困境？

❶

在英国实习的时候，我和一个名叫 Rachel 的韩国女生同住。她是一个心有远大蓝图的人，职业规划极其清晰，执行力逆天。她说，实习期过后，她一定要在公司留下来，在伦敦工作三年后，再申请沃顿商学院的 MBA（工商管理硕士）。

那个时候我一边在伦敦政治经济学院交换，一边要实习，生活紧凑，压力很大。我逐渐体会到，和纯学生时代主要拼智商拼努力不同，成年人越往后走越拼的是精力。而精力主要靠三点，吃饭、睡觉和情绪，在这三点当中最重要的就是睡觉。为了节省出更多时间睡觉，我放弃了每天早上戴隐形眼镜与化整套妆，一般直接戴着镜框、简单涂一点点隔离霜、擦个口红就出门了，这样起码能多出来半个多小时。我把头发剪得更短了一些，清清爽爽的，甚至不需要用吹风机，在路上走几步就能干。

稍稍接触过韩国女生的人应该都知道，她们对于护肤、化妆、身体护理等非常在行，也非常在意。我有一次想涂一个好看的指甲，是一个韩国朋友帮我涂的。我跟她说："太专业了，你简直比店里涂得还好。"她说："哦，中学的时候我妈妈特意送我去学过画指甲。"

韩国女生整体都比较温柔、甜美。但我从看到 Rachel 的第一眼开始，就觉得她应该跟其他人都不一样。她更干练、更坚定，绝不是一个囿于日常琐事之人。Rachel 是我到英国之后较早认识的一个朋友，我眼看着她在跟男朋友刚刚分手完的那段时间，依然情绪高亢、面不改色心不跳地跟我们一起熬夜做项目。她给我最大的感觉就是特别稳重、大气，可能是她在首尔工作了几年后才出国念研究生，年龄稍长我们几岁的原因吧。反正我特别喜欢她。

我并不喜欢"女强人"这个词，因为这似乎预设了女人强是一件比较特别的事情，要不然怎么没有"男强人"这个词呢。但在这里为了方便理解，Rachel 绝对就是大众认知中那种最强的女强人。

强大的人会自然吸引渴望变强的人。我主动提出想在伦敦跟她同住。Rachel 很快就同意了。同住之后，令我最意想不到的一件事情是，Rachel 每天花在护肤护发和化妆卸妆的时间，简直令人发指。无论那天熬到多晚，她都一定要敷面膜，一丝不苟地涂抹完摆在桌前所有的瓶瓶罐罐。她的化妆手法虽然非常熟练，但也架不住她要贴双眼皮贴、夹睫毛、卷头发等事宜。所以她总是得比我晚睡，比我早起。当然，我是一个睡眠质量超级好的人，不会受到别人影响。但我却非常心疼她。我问："每天睡五六个小时真的够吗？"她说："应该早点习惯，现在还只是实习呢。"

我跟 Rachel 在一起很少聊一些所谓的闺蜜话题，实话实说，我们都不是很感兴趣。我们聊事业，聊欲望，聊未来的方向，当然，也会聊到两性问题，但也不是从两性感情的角度。

Rachel 跟我说："你知道吗，男性身上的很多素质，天生就更加适合事业。比如,相比女性,他们对情绪更加钝感,男性更能获得一种莫名其妙的自信,男性的体能也要更加强悍一些。所以我一直有意识地培养自己的一些雄性特质和雄性思维。"

"若真想雄性化一点,不如让我们从不化妆或至少减少一些化妆的步骤开始,先从这些女性的日常琐事中解放自己再说。男性在外形上的处理真的简化很多,我们先把这一部分失去的时间找补回来。"我是半开玩笑半认真地说的。

Rachel 想了想:"我要的不是完全的雄性化,我要的是雌雄同体,既要保持女性在职场中的优势,又有雄性的那种感觉在。"

我当时似懂非懂地点点头。

事后我琢磨了很久,总觉得哪里怪怪的。所谓"保持女性在职场中的优势",这个优势是什么?又是在保持什么?如果指的仅是女性更加善于表达、感知能力更强等类似的性格优势,这种骨子里的东西,其实是不需要刻意花精力去保持的。

所以我那个没问出口的问题是,Rachel 所说的要保持的东西,说得更直白一些,是不是就是女性更加姣好和光鲜亮丽的外在形象?

Rachel 绝不是一个推崇使用"女性优势"的人,她对于真正的技能和实力,有着非常执着的追求,这一点我深信不疑。但即便强大如她,依然坚信外表的力量,依然毫不动摇地、日复一日地为此付出巨大的努力。

以外表为核心点的雌竞对于职场女性来说,究竟是必选项,还是加分项?它能让女性得到什么,又失去什么?

这个话题并不好聊，一不小心还容易变得很敏感。但我还是想在此篇里，尽可能地聊一聊。

❷

有时去参加一些商务性质的会议，在等电梯时或者散会后大家在酒店门口一起等车时，一般都会互相寒暄几句。我有一个小发现：男性之间的寒暄一般是"最近怎么样啊""生意好不好做啊""有机会一起赚钱啊，带兄弟一把呀"等。而女性之间的寒暄更多的是"哎，你最近又瘦了""你最近又美了""你这个新发型真好看""你今天这身衣服真衬你"……

值得注意的是，这些女性是行业里的佼佼者，是具有事业野心的那一批人。不论人们觉得自己多么思想独立，其实都还是会被身边的评价所影响。大家越评价哪一个点，你就会自然而然地更关注哪一个点。

在当下的媒体环境，尤其是网络媒体，如果人们想要去塑造一个女性榜样的力量，通常会给到这样的标签：她是一个美女创始人、美女作家、美女摄影师。相应地，我们却很少听到帅哥主播、帅哥作家、帅哥摄影师。

这个时代固然承认女性的头脑和才华的魅力，但也从未放松过对女性外表的执念。氛围的裹挟的力量其实超过我们的想象。周遭总有一种隐隐约约的声音告诉我：你不够瘦，不够美，不够好看。

这些你都必须去提升,因为这不仅仅是美不美的问题,这是当代女性能力的体现:如果她连自己的身材和皮肤都管理不好,怎么相信她有能力做好其他事情?

我人生对"提升外在"这件事真正上了心,并不来自想要吸引异性。从小到大因为成绩好再加上性格开朗,我的恋爱运一直不错,这让我一直都相信才华和人格魅力的力量。但从学生向职场人转变的过程当中,我被教育的第一件事情就是"以貌取人"的合理性。大家都很忙,工作节奏都很快,你是不是足够亮眼,能够被看到、被记住,变得尤其重要。如果你是一个美女,你就更容易获得这样的一个先发优势。这个优势和其他的技能性优势一样,值得花时间去打磨,如果你打磨出来了,你就多了一个长板。

没有人不会为这套逻辑动心。一来自己可以过得更赏心悦目,二来会在生活中更有吸引力。最重要的是还能提升自己的职场竞争力,何乐而不为呢?

精致的物质和生活方式本就自带吸引力,如果再加上职业的角度把这一套逻辑彻底合理化,消费主义的洪水猛兽就会扑面而来。商场里的香水味儿像一只勾引我的手,我认真失身,从善如流。当你拥有了更精美的物件,你似乎就拥有了一个更好的生活和更美的自己。这个过程会获得纯粹的快乐吗?我觉得是有的。比如在认认真真地涂完玫瑰香味儿的身体乳之后。会获得更多的自信吗?我觉得也是有的。在我第一次穿上 Jimmy Choo 的鞋子的时候,我确实有一种脚下生风的感觉。

所以，我心安理得地不断加强这种快乐和自信对我的意义。宽慰自己说，这些不仅仅关乎消费和变美本身，它关乎我的事业，它是我个人能力的一部分。

但不知道别人怎么样，我在刚开始工作的时候，为了获得这样一种精致的美感，工资、副业加信用卡三管齐下，尚且亦步亦趋。当然，钱并不是年轻的职场人最应该考虑的事儿，也不是本篇探讨的重点。但是，在金钱成本之外，我发现我还会情不自禁地去花大量的时间。我孜孜不倦地研究或和别人讨论应该选择怎样的护肤品牌？什么样的睫毛膏自然？怎样的口红色号又百搭又滋润？那时我自然无暇思考，真的需要那么多种口红色号吗。

我是真真切切地感受过"美"的震慑力的。一位世界小姐季军走进会议室的时候，没有人不会被她出众的形象气质所吸引，在休息期间，大家都想跟她多说几句话，整场会议下来，没有人会不记得她。

被关注、被夸奖、被喜爱，这些固然都是好事儿，但终究只是一种心理感受，对于真正成熟的职场人来说，倒也廉价，不要也罢。但美貌的便利性不止于此。确实有可能因为长相出众获得一份本来凭实力进不了的公司的 offer，或者更有可能让投资人愿意跟你聊一聊，抑或是可以更不费力气地促成一项商务合作。这些已经构成了实打实的职场领域的优势。心有猛虎的职场女性们，一来在事业本身不会松劲，二来愿意耗费时间和精力辛苦地节食、健身、研究时尚与购物，这些事情在她们眼中同等重要。她们想一石二鸟。

但是职业生涯长达四五十年，凡事都得问一个，然后呢。借外在优势获得大公司的 offer，然后呢？知名投资人愿意花时间跟你聊，来见你，然后呢？你拿什么东西来打动他？商务合作谈下来了，你真的有控局的能力吗？接下来的资源和进程你能把握多少？

稍有些长远眼光的人都明白，雌性竞争中的外在形象优势虽可成为多种职场场景中的敲门砖，却永远无法成为你事业的基石。最终的最终，谁都得靠头脑靠才华靠工作能力，看你究竟有没有一技之长。对于这一点，那些野心勃勃又聪明绝顶的职场女性明白得很。

在女性领导力论坛上，一位快消品牌的高管与我们分享她的心得。她说："能力强的女性，加上一些外在，就会如虎添翼。雌竞对于雄竞也厉害的女生才会有意义。"我体会了一下，当年 Rachel 说的应该也是这个意思。

我曾经在相当长的一段时间里面完全信服这种观点。要像雄性一样，敢于占领，敢于战斗，同时也要打造以外在为核心的雌竞系统，博采两性之长，便能登上个人职业生涯的顶端。

但事实上，当你把这个观点纳入实践，你就会逐渐发现它的漏洞——又想在雄性层面和男性平等争夺，又觊觎女性优势，但好的东西从来不可真正兼得。总会在公众号上看到这种言之凿凿的论调：

"我每天早上 5 点起床做瑜伽,然后吃一个健康的早餐,连续工作 12 个小时,晚上回去泡澡,听音乐,敷面膜,周末再去做美甲和美容,啥也不耽误。"

这种超人式的自律固然值得钦佩,可是,真的没有耽误吗?职业女性用看似更精巧的时间规划试图两全,其背后所付出的隐形的心力与意志力的代价真的不计算其中吗?事实上,每一个人都需要一些"垃圾时间",人之所以为人,状态就必然会有波动。没有人能够像一个发条人一样精密地按照规划连轴转。即便是有,如果把所有的时间和精力全部押注在对事业本身的追求,又会有什么不一样。更可怕的是,当人通过某些优势去加速获得一些东西的时候,他们能在多大程度上意识到并记住这种便利性的存在?

以前我不明白为什么要美而不自知,美可不就得自知,美可不就得大力发挥?美貌固然是好事,但利用美貌,一定会被反噬,哪怕是基于强大实力的利用。一旦尝过甜头,就忍不住想再来一次;一旦走过捷径,就很难再忘记捷径。本来只是想如虎添翼,可有一天突然发现"翼"用久了,虎已不在。这才最令人唏嘘和遗憾。

我当然也爱美,而且我从不压抑自己对美的追求,在这个过程中,我获得了很大的精神愉悦。所以,我从来不否认为了美和变美所付出的努力的意义。只是我希望,如果我付出努力,我就是为了美本身，就是这样一个纯粹的目的。我不再把它置于职场的场景之下，赋予它额外的意义，让自己去承担额外的焦虑与压力。

撇开其他不说，就女性整体在变美上内耗的精力，其实已经不足以在争霸这件事上和男性处于整体的平等地位了。现在，我但凡再听到"女生同时拥有高水准的美丽和能力，会有多所向披靡"的论调，我都会头悬一根线，在心里警醒着自己，日常的欢乐谁不爱呢？簇拥的艳羡谁不爱呢？但人的精力有限，我想，我会冲着更高更快更强的事情去。

今后，遇到那些我真正敬重的职场女性，无论她的外表有多美丽，我想，我应该且只应该去表达对她专业和能力的钦佩。尽管我知道，去赞美一个女性漂亮，能够瞬间拉近距离，一定会使对方开心。但女性之间越是互给这样的糖，大家只会更用力地维护这种状态。

美从来都不是必需品，在生活中不是，在职场中更不是。如果有女性想更野性、粗糙，甚至有些不修边幅地去生长，社会应该给这些人更多的鼓励和更大的空间。我们会迎来一个更加富有创造力的世界。

第五章
这是一个日趋无界的世界

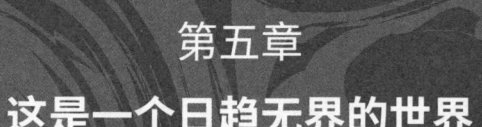

有极致野心的人往往天真，
他们的每一次成功不是让他们越来越像成人，
而是越来越给他们勇气去回归
孩童时期天马行空、无边无际的想象力。
他们是真的想改变世界。

知识无边界 | 阅读是最好的自我精进

❶

从小学到中学,我最擅长的科目是语文。在那个年代,多媒体教学还不盛行,没有视频、音频、互联网,只有老师、黑板、课桌、课本。每一篇文章,先经由全班同学齐声朗读,再由老师抽丝剥茧地讲解行文结构、聊一聊作者的奇闻逸事与写作背景,最后再由自己花工夫去背诵全文。那个时候读苏轼的《前赤壁赋》,"自其变者而观之,则天地曾不能以一瞬;自其不变者而观之,则物与我皆无尽也",虽然无法像现在这样通透体会其中的哲学含义,但也能感觉到一种音律的震撼,极美,让人情不自禁地想在本儿上抄写一遍。

可惜的是,语文被排在学科鄙视链的最底端。一来,语文分数拉不开差距,单科成绩再好,也很难领先别人太多;二来,大家普遍觉得数学等理科直接与智商画等号,语文,不过是一些咬文嚼字、死记硬背的功夫罢了,说明不了什么。

我对语言有很强的感受力,虽然也偶尔被表扬,却没人把这些看得太重。我当然无法预料到,多年之后竟是"语文能力"成为了我工作中的核心能力。我不是很喜欢数学,但我参加了各种各样的理科竞赛,原因很简单,我想证明自己是一个聪明的小孩。记得十四五岁的一个晚上,我几乎一口气看完了村上春树的《挪威的森林》，内心非常澎湃，有很多话想说，但另一边又不得不为自己没做竞赛题而深深自责。我在日记里写道："不能再看小说了，你这样会没有未来的。"

与课本或应试写作无关的阅读，都成为了一种罪过。对语言的审美、对情绪与细节的感受，以及青春期里蓬勃的表达欲，这些在受教育的过程中非但没有被鼓励和挖掘，反倒被自己用一种莫名其妙的理智压抑着。周遭的氛围告诉我，这些是无用的，闹着玩儿的。十来岁的年纪，自然不可能像现在那样去反思：是吗？数理能力是衡量"聪明"的唯一标准吗？感受力、表达力，那种充满灵感与创造力的东西，难道不也是一种聪明和智商吗？

都说成年之后人们情不自禁去做的很多事，都是在弥补小时候的缺憾。从高考完的暑假到刚开始读大学，我疯狂地读了很多书，像没有明天似的读。那个时候主要是看小说，杜拉斯的《情人》，渡边淳一的《失乐园》，白先勇的短篇，严歌苓的中篇，以及张爱玲全集，每一次阅读都是一场生理的发泄。优秀的作家能看到常人所看不到的东西，把人的心理活动活生生地掰开了揉碎了，在合上书的那一刻，我常常觉得天旋地转。影视剧让人看到具象的人物形态，而阅读看到的是具象的人性——曲径幽深之处，人和人原来那么相似，同样的嫉妒、多疑、摇摆、心软，你觉得生而为人，并不孤单。

现如今，我和很多人在见第一面的时候，对方的眼神和状态很容易让我联想到小说里的某个人，我想不起来具体是哪本书，但那种感觉却很熟悉。都说人性复杂，其实并不，它是那么的有规律可循。

每个人都觉得自己的人格独特，其实也不，你的一切感受与想法早已在某本书里被事无巨细地描写过，早就有人比你自己更懂你自己。

读了一定数量比较易读的小说之后，便觉得有些浅了，普通人物的小情小爱，即使再细腻再生动，好像也不足以让我那么震撼了。这时你自然而然想去读一些更宏大的作品。进阶是人的本能，阅读也是如此。马尔克斯的《百年孤独》，我在中学时就买了，晦涩的人名和复杂的人物线让我几番捧起，又几番放下，那个时候的阅读能力，还不足以让我一口气吃一个胖子。

我的第一遍是拿着草稿本，一边画着人物线一边快速读完的，没有获得直接的阅读的快乐，脑子晕晕乎乎，我只是欣喜自己有了读完的耐性，也算进步，如果没有一些浅显的小说打底，可能这一步都无法做到。从第二遍第三遍开始，我才从一些局部的情节中，体会到一种奇异的快乐。文字本是一种二维表达，所谓阅读能力，就是一种运用自己的想象力打开自己的感官，把二维体验转换成三维甚至四维体验的能力。慢慢再读第三遍第四遍，你才有可能对这样的小说有全局观，读得懂字里行间的无声之语，能了解作者伏笔之处的用心良苦。直至此时，你才有那么点理解这部小说为什么饱富盛名。和全世界其他读者甚至和作者心意相通的感觉，是非常有幸福感的。

复杂的文学作品，你只要读过一次，就能找到上手的方法——即必须抱着一种"**延迟满足**"的心态去读，最开始被乱七八糟的人名绕进去也好，一字一句笨拙地反复啃读也好，一切都是值得的，只有压着性子读下去,你才有可能在某一瞬间迅速收获巨大的惊喜与情绪体验。正是由于这种快乐有门槛,才显得尤其珍贵。

《百年孤独》之后,我紧接着又读了马尔克斯的另一部代表作《霍乱时期的爱情》。这倒和观影是同一种方法,一位学电影的朋友告诉我:"你不应该顺着题材或者演员去看电影,你应该顺着导演看,看他在不同时期的表达手法与风格,这种方法可以最快培养起你对电影的感觉。"

同一个作者最广为人知的书读完了,又想去看看他小众一些的、不够出名的书,比如马尔克斯的《番石榴飘香》和《我不是来演讲的》,收录了他的一些语录和讲演稿,可以让读者更了解作者本人。作品的惊艳引发人们对作者的好奇,对作者的了解又能反过来加深对作品的感悟。读一个人的全集,归根结底,就是通过文字在体会他的思维和感受世界的方式。

常常听到有人说,我一周能读完多少本书,一个月或一年能读完多少本书。但我一直觉得,读书的绝对数量,并不具备可比性。一是因为书和书之间的差别很大,一本经典巨作和一本畅销口水书,阅读的速度当然不一样;二是阅读的方式不一样,有的书只需随手翻一翻,大致知道它在讲一回什么事儿就够了,有的书值得你细细看慢慢看,巴不得用显微镜看,甚至想把纸张拆开了看,每一个小细节都那么考究，每一小段都能激发你太多联想；三是跟你自己的知识背景有关，一般来说，一本书拿起来，不可能每一个观点每一句话都是你之前闻所未闻的，如果是纯新的，阅读难度就很大了，速度也会非常慢（通常很难读下去）。

我的阅读是从小说开始的，我喜欢以"人"为中心展开的故事。其实古今中外的古典文学也好，现代文学也好，写来写去人的爱恨情仇似乎就是那么些，看多了脑子里会自行整合出一些规律和结论，这个抽象化的过程是很有成就感的。

慢慢地，我觉得好像看小说本身不足以让我来理解小说了。由于不够了解民国历史，看林语堂的《京华烟云》总觉得差那么点意思；对战争与军事若没有感知，就无法真的走进《丧钟为谁而鸣》的故事。这种似懂非懂的感觉让人很不痛快，如果真的想把很多东西读透了，就不得不去学历史——正史或野史，趣味的或晦涩的。历史中自然又会浮现关于政治、军事、地理、艺术的一切，相互交错在一起，无论哪一个小点触动了你，你试着顺藤摸瓜走下去，都将又一次开启一个全新的世界。

所以，只要你开始读第一本，你就会"书里找书"地读到适合你的第二本、第三本，读小说的会横向延展读到历史，看心理学的到一定程度后自然而然会去看哲学。阅读绝不是一个按图索骥的过程，它是自由的、非常个人化的，它应该是由你的兴奋点推动着去进行的。我一直觉得书单的作用并不大，别人觉得好的书，很可能你现在根本无法体会它的好。能打动自己的内容才是你现在需要的内容，或者更玄学一些，你能遇到的内容就是你现在需要的内容。如果说一本书，你真的到了配读它的时候，你会有一千种一万种方式知道。

起初，阅读的快乐来自单次的体验，每一本书都在平行的不相干的世界里，进入一本，抽离，再进入下一本。但用不了太久，脑子里的信息会开始自动勾连。在某本美术书里看到伦勃朗的《夜巡》时，会自然联想到彼时阿姆斯特丹繁荣的商业经济，想到文艺复兴时期的一些画家群像，曾经阅读过的桥段开始相互呼应，你可以更理解这幅作品为什么有一种划时代的伟大。仅仅如此似乎还不到位，究竟是一种怎样的政治文化环境造就了17世纪"荷兰绘画"的辉煌，后来又怎样衰败。于是你又搬出了《欧洲史》想一探究竟。

越是积累得多，吸收信息时脑子里火花碰撞的快感就越强烈。知识不是孤立的、各成一派的，知识本身就是一片海洋，是互联的、一体的、无边无际。面对浩瀚无垠的大海难免无从下手，所以聪明的人类人为划分了学科与类别，帮我们找到入口与支点。

之前听大学老师说，一个顶尖的管理学家往往也是一个优秀的心理学者，一个好的产品经理一定对美学和设计有所造诣，日本诸多著名小说家都在医学领域颇有建树。我当时以为老师是在讲复合型人才的概念，或者在鼓励我们多维度打造自己的竞争力。直到现在才顿悟，其更核心的意思在于：任何的领域越往上走、越往深了钻研，便越接近知识的本质。既然知识本无边界，触类旁通既是必须，也是必然。

❸

由于在高校教书的关系,我有机会接触到大量刚入学的大学生。大学划分了五花八门的专业,比如在商科之下,有金融、会计、管理、经济学、市场营销、国际商务类等,金融下有金融工程,经济学细分了应用经济和理论经济,管理又分为工商管理、物流管理、酒店管理、人力资源管理等,会计、审计、税务、财务管理所开设专业课程的重合率非常高。

刚高考完的小孩自然不明白专业与专业之间到底有什么区别,甚至连家长都弄不太清楚。虽然双双两眼一抹黑,但也还是在精细地研究着分数线、就业率和专业热度。虽然知道录取结果很大程度随缘,但专业这等大事,好歹也要花费足够的心力才像样。

入学通知单上的"学院"和"专业",对于大学生来说是新鲜而充满仪式感的,高中时可没这门子事。我常常被问到的问题是,"我这个专业,应该怎样做职业规划?""我学的是人力资源管理,会计跟我有什么关系?""我学的这个专业,是一个怎样的前景?"把我、我要学的知识、我将来从事的行业、我的未来都和专业绑定在一起,似乎是一种默认的思维定式。

但事实上,哪怕是四大会计师事务所这样的专业服务公司,招人都是不限专业的,不论是学财经的、学语言的、学理工的、学信息技术的,四大都是一视同仁地敞开大门。其他的诸多大企业也是如此,面试很少有按专业契合度来区分高低的,面试官更在意的是,

你在你的专业中，处于什么样的层次。那些学生物工程、东亚研究的高才生，所受的专业教育显然和金融的干系不大，但照样也可以进入一线投资银行。以前，我以为其中的逻辑只是大公司在倡导多样性文化罢了，但现在想来，应该还有一个更贴真的角度——所谓专业，本身就是对于"知识"的人为切割，专业只是提供给你一个理解世界的角度和研究问题的方式，无论是哪个细分专业，实不能至、心向往之的彼岸都是整体的知识与真理。所以我常常感觉到，每一个专业里学得最好的那群人，尽管手中掌握的信息不尽相同，却能在同样的思维深度里同频交流，也最不具备专业疏离感。

当年接受职业规划教育，总听别人说，不要让专业局限了你的职业选择，很可能你现在学的和你将来从事的，没有丝毫关系。我之前以为这是一句心灵鸡汤，不过是在鼓励我们要保留想象力和好奇心，要拥有改变的勇气罢了。但现在细想，这句话真正的合理性在于，学好一门专业，其实是学会了一种解锁世界的方式，这种解锁能力是可以被运用到各行各业的，这才是教育最大的意义。所以，学设计的最终从事了新闻，学数学的从事了广告，学编程的进入了大文娱行业，这并不是一些离经叛道的选择，或许只是在学习的过程中偶然发现了自己真正的天赋点。凡是所学，皆成性格，凡有所学，皆不会浪费。既然知识本身并无边界，你所选择的事业和你的专业就算乍一看毫无联系，也终有一天会会合。

前段时间，我看到一个赛车手的采访，他之前在投行工作，从事金融。被问到转行的体验时，他说："一个车手需要很综合的能力,除了比赛和测试,如何做商业、做公关、如何建立车队,这些都不能掉线。"正是金融的经历让他具备了另一个维度的思考能力。而采访最后的那句话是最启发我也是最精彩的:"我反而觉得我现在做的,更像金融了,只是多加了一个比赛的环节。金融的本质就是有效分配资源,通过一定的方式把钱、资源、人力、物力、才华进行重新链接,这才是金融最大的意义。而我建立车队,就是在做这些事情,反而觉得比狭隘的金融更有价值。"

知识既然本无垠,从获取知识的角度上,"专业划分"就是一个伪概念。有的时候,我甚至会大胆地想,如果工作只是我们参与这个世界和创造价值的一种方式,那所谓的"行业划分"或"转行"其实也是一个伪概念,因为社会是一个整体,无论我们选择从哪个闸口进去,到了一定程度都会行业互联。连接、融合、转换才是真正原始的、自然的状态。

随着科技的发展,如今我们着实生活在一个信息严重过剩的时代。听爷爷奶奶那一辈说儿,当年捧着一本书甚至是几片纸都可以津津乐道翻来覆去地看,这种如获至宝的稀缺感我们现在恐怕很难再体会了。信息和知识的载体也远不止书本一种,我身边有些朋友从不看书,但他们大量阅读高质量的自媒体文章,或者只看电影、美剧、纪录片,大家交流起来的思想深度和知识面好像是不相上下的。一位看了一千部电影的朋友跟我说，即使有耐力用三四年啃完《托尔斯泰全集》，对世界的理解就真的比我们更深吗？输入的媒介和形式并不重要，能否持续地高质量输入才是重要的。

某种程度上，我很同意这种说法，"书"作为一种载体，并不应该有任何的优越性。但一直以来，我觉得阅读的人和从不阅读但一直保持其他输入的人，会有一些隐隐约约的不一样。我并不想执意为"阅读"辩论，但阅读确实有其独到的一些优势：

大量阅读一定可以提升写作和文字表达能力，其他方式却不一定

我通常最有写作欲望的时候，是在大量阅读之后。看电影或者借助其他体验也可以到达情绪的浓点，似乎也有很多话想说，但这种感觉不一定会直接导向"文字表达欲"。如果你本身接收的就是文字，你的状态其实就在一种关于词汇、句式、段落结构的状态中，你更有可能情不自禁地写两句。

阅读得多了，潜移默化中会提升一个人对词句和音律的感悟，即使不刻意进行写作输出练习，写作水平也会有所提高。但看电影与你制作影视剧的能力，或者观赏美术作品和你绘画的能力，基本上没有任何的关联。

写作是阅读的副产品。

书籍作为历史最悠久的载体，经典之作最多

电影不过百余年的历史，纵使不乏经典之作，与穿越几千年的书籍还是没法比的。经过了每一个时代考验的好书，其审美价值和思想价值自是不言而喻。当然如今的很多书也非常商业化，属快餐文化，书亦如此，更不用说新媒体平台上文字内容的良莠不齐了。但我倒觉得阅读这件事，无需有鄙视链。如果你觉得，看微博、看公众号文章或者读一些情绪类、方法论类的畅销书，能够给你很多的能量和思考，尽管读就是了，不用介意这些是二手和快餐信息，说明你此阶段需要这些，说明你目前只能消化这些。但总有一天，你不需要别人把知识咀嚼过再吐给你了，你想追溯它们本源的样子，你想啃硬骨头。你会觉得新媒体上所有的信息都是隔靴搔痒，你想追寻更底层的逻辑，你想直面经过时间沉淀的作品。这个时候你对知识才有了自己的审美力和判断力。

一直以来我还是有个信念，只要坚持不间断地阅读文字，终有一天会把你引向经典之作。

文字的吸收速度要大于影像，是提升认知最有性价比的方式

观影看剧时，听觉视觉都会被刺激到，所以注意力和精神其实被分散在多种感官上，相比而言，阅读会更加单一而沉静，会让人集中在"思考"和"思想"本身，最直接导致脑内沟壑的层层加深。

人与人最大的差别是认知，认知决定了你的选择、执行力，甚至是幸福感。阅读，既是最快提升认知的方式，也是最具有性价比的方式。

职业无边界｜我和我的斜杠青年们

❶

斜杠青年，指的是同时拥有多重职业、多重身份和多元生活的人群。我在最"身兼数职"的那段时间，首先是一名创业者，主要在做一个区块链的项目，同时也在参与一个新珠宝品牌从零到一的筹建过程，前者属于金融科技，后者属于消费品，听起来有点八竿子打不着。第二个身份是一名写作者，我在新媒体上持续输出，时不时接一些人物特稿，平均每个月会参加两次 KOL（关键意见领袖）圈的活动，当然，之所以有你正在读的这本书，是因为我也开始接触传统媒体和出版——**书在我心中始终是更神圣、更系统化的存在。**第三个身份是我非常珍视的，回国之后我便踏入了财经教育行业，成为了一名 ACCA 讲师，迄今为止在全国 20 余个城市的 50 多所商学院授过课。在这三条主线之外，偶尔参加一些综艺和视频节目的录制，做一做主持，翻译一些全英文的财经文章和书籍，忙得不亦乐乎。

不得不承认，斜杠的生活是非常分裂的。时间规划倒不是难事，无非就是时间与事项的配比——白天进行商务拓展、组建团队、产品研发等创业活动，晚上和清晨写作，周末上课，每个月抽两个周五晚上进行一些"非主业社交"（主要目的不是谈业务，但也往往会有意外收获），这一切听起来似乎都能被有条不紊地执行。分裂的点在于情绪与状态的分裂，每一个身份其实都要求你调动不同的人格切面去应对。创业是一种"速度至上"的活动，充满激情，伴随争吵，太多的不确定性常常让情绪大起大落；写作需要沉静，绝对的沉静，要求你迅速从创业者"入世之王"的状态中抽离出来，不然写出来的东西只能是鸡血的项目计划书和员工培训手册风格，毫无文学美感；做教育则需真诚地传授与分享，不能急，要有耐心，要客观，要放下商业里那一套目的导向的思路与技巧。

时间的分割与场景的转换是机械的，但人的情绪和状态却是活性因子，拥有惯性，若不刻意训练自己，很难做到干脆。在最开始还没找到"斜杠"的感觉时，我会在写作的时候不间断地回微信，三个小时写出300字的事情常有发生，第二天又焦虑稿件完成不了，想抽大家午睡的时候写一会儿吧，也常常力不从心。工作中真正让人疲惫的感觉不是失败，也不是工作强度的绝对量级，而是长时间被手上的事情推着走，你似乎控制不了抓不住，人作为主体的状态反而很被动。

我曾有一段时间很焦虑，便去找我信任，同时也足够了解我的前辈和朋友聊天。很有意思的是，如果对方的身份不是斜杠，即其收入几乎是依靠一份主业工作的话，他们的建议一定是"你要做减法，不要太贪心，精力太分散会什么也做不好"；如果对方也是斜杠，他们会说："做斜杠本来就有门槛，状态的转换能力就是其中非常重要的一条，撑下去，慢慢摸索出感觉就好。"

说起来，操作的方法也不难理解，只要你在做任何一件事情时都暂时忘记其他的身份就可以了。我尝试去进行一种"模拟角色扮演"，比如写作的时候，想象自己是且仅是一个非常专业的作家，电子设备先关一关，只有电脑、台灯、一杯茶和我的大脑。白天工作的时候则收起细腻的情绪与感知，只关注事情的完成度，即使遇到了有意思的人和事想作为写作素材，也要等晚上复盘时再以第三视角去慢慢回想。每一种身份都配有一个状态开关和一条情绪隧道，想要做到切换自如地打开或关闭闸口，显然是一件反人性的事情，要借助强大的心理暗示去训练自己，不断地安抚、鼓励自己，和自己玩游戏：我知道你很多事情还没做好，没关系的，细细想一想，其实也没有什么事是了不得的大事。接下来的一个半个小时，只专注这一件好不好？

没有人是为了成为斜杠而斜杠的。有广泛兴趣的人很多，有多门手艺的人也有很多。我身边的创业者比我写作更好的大有人在，但他们只想随便写写，并不想发展出一条新的事业线。

我有一位挚友的摄影技术非常扎实，尤其擅长拍场景，比如婚礼、论坛和各种各样的活动现场，他总能找到又突出人物特征又体现氛围特点的视角，每次我一边看着他的照片啧啧称奇，一边说："你真应该成为一名独立摄影师。这样吧，我帮你商务拓展，你只负责拍。副业先做起来，感觉比你待在券商更有前途呢！"而他每次都沉默几秒，一边小心翼翼地擦拭摄像头，一边谢过我的好意："咳，爱好就让它只是爱好。我还是老老实实做我的金融民工吧。"

身怀多个技艺点是成为斜杠的必要不充分条件。斜杠们往往更开放、更猎奇、更渴望拥抱多种可能性，这才是他们的核心特质。拿我自己打比方，进入区块链和珠宝行业其实都是偶然，当时恰逢有机会，我在团队中也能够找到自己的位置，便毫不犹豫地加入了。

有一位前辈跟我说过，30岁之前无需有太强的行业执念，要注重对商业和世界的整体理解。对于这一点，我深信不疑。只要能有机会看到一片新的风景，那么对现阶段以"提升认知"为首要目标的我来说，都是稳赚不赔的。

对于写作，我从小到大都喜欢，中学有一段时间过得特别压抑，写作是我当时唯一的情绪出口。这一条事业线应该算是我主动出击，我觉得我有把自己的文字商业化的能力，索性先免费帮别人写了一些稿件，反响不错，之后陆续开始有人找到我。我在不断产出、不断练习、不断受认可的过程中变得越来越自信，在传统媒体和新媒体圈都有了一定的人脉，便非常自然地开始更大强度地输出。

财经教育则把我的专业和我一直以来最为关心的教育行业做了最完美的融合。我可以在讲课的过程中不断精进自己的专业知识，不丢老本行，最重要的是，亲身奋战在教育行业的一线，大量接触各个地域、各种家庭背景的大学生，让我对教育资源的不平等、对大学生的心态发展有了更加深刻的理解。我隐隐约约觉得在不久的将来，我会做一些跟教育有关的项目，虽然不知道具体是以什么样的形式存在，但我很确定。无论我平常多么疲于工作，一上讲台依然充满激情，除了喜爱，除了职业素养，更重要的是，我没有把它当一份简简单单的工作看，我觉得这些都跟我的个人事业相关。

"斜杠"了一段时间后，我慢慢找到了感觉，这时真正精彩的效应才慢慢浮现了出来——每一个工作单元都由于另外的工作单元的同时存在而产生了加倍的好结果。令我没想到的是，区块链和珠宝看起来这么毫不相干的行业，竟然存在很强的客户共享性，愿意投资加密数字货币的玩家往往对艺术品和奢侈品也很感兴趣，新兴珠宝就是其中的一种。自从从大公司辞职之后，整个世界迎面而来。之前我的朋友圈里百分之八九十都是财务、金融等相关专业和行业的人，后来认识到了各种各样的投资人、创业者、设计师，大脑被迅速激活，写作的素材和灵感也多了许多。而综上的所有经历，都是去商学院教授案例分析最好的积累，最年轻最一线的商业故事，为我的课程增色太多。

心理学中有一条"飞轮效应"理论，指的是起初想让静止的飞轮转动起来，必须花费很大的力气，但每转一圈都可以使第二圈转动得更快。一旦体系运作起来，之后会变得越来越容易。斜杠并不是一个单纯的风险分散的职业发展选择，找到每一条业务线之间的连接点，整合起来，最终形成任何单线作战的人都无法达到的竞争优势，才是斜杠身份的价值。

❸

同类人总是更能相互吸引，彼此理解。成为斜杠的原因虽有所不同，或许是不想让自己的饭碗被一个东西绑死，或许是单纯地想尝试更多，实在技痒，但总的来说，斜杠青年们是焦虑的，好动的，意气风发的，思维活跃的。我认识的一些资深斜杠中，有"策展人/摄影师/广告公司老板"，也有"美食博主/瑜伽教练/互联网从业者"，虽说我无法和他们每一个人都找到直接的合作点，但大家都有一个共同的行为范式：我们都喜欢通过多个不同的交叉领域去发展个人关系、建立个人品牌。所以即使暂时碰撞不出任何新业务，我们也可以共享如何去进行人脉与资源整合的思路。

不知是职业环境的大势所趋，还是为了体验新潮的工作方式，成为或者想成为斜杠的年轻人越来越多。这么多人纷至沓来，有的人风生水起，身份越来越多重，而有的却不得不做减法，最终还是删去了身上的多余标签。我一直在观察究竟是什么可以让"斜杠"这个身份散发持久的生命力。毕竟，前面所说的"拥抱变化与多种可能性"的思路只是准入门槛，能不能做得长久、做得轻松、做得好，又完全是另外一码事。

即使知道斜杠身份可以收获"飞轮效应"的巨大优势，但人的精力和时间毕竟有限，单纯靠拼命，并不是长久之计。

这个问题的答案是我在和一位导师的聊天中得到的，我当时虽然已经能够把握好不同身份之间的工作状态，但还是隐隐约约地担心——身兼数职会不会让我丧失核心能力？导致在任何事情上都只是一个半吊子？当时导师顿了顿，说了一句让我恍然大悟的话："虽然你觉得你同时从事着不同的行业，但在我看来，你本质上都在做同一件事情，即迅速吸收、整合信息，再通过输出去感染、说服别人，这就是你的核心能力。"

当天回去之后我想了很久，终于想明白我所积累的相关的、不相关的经验，其实存在着一个内在逻辑，这些几乎同时都指向几个共通的能力——**写作能力、演讲能力、谈判与表达能力**。我虽处在不同的职业环境中，面对的是不同的人群，精进的却是同一门手艺。如果我在创业中的身份不是商务，而是技术，我想我即使有三头六臂也无法坚持下来。

我想到身边那群优秀的斜杠青年好像都是如此。策展、摄影、开广告公司，本质上都是在运用创意与审美能力；美食博主、瑜伽教练、互联网公司，看起来跨度大一点，直到后来我了解到，她在互联网公司负责的就是"运动&美食"的内容板块，无论主业副业，都在同时帮她积累对这个领域的理解。

一个注定成功的斜杠青年，看似对行业无执念，但对手艺必有执念。

❹

　　太阳底下并无新鲜事儿。虽说"斜杠"这个词好像是近些年才被发明出来的,但是"斜杠者"历来都有。

　　中学时,我最喜欢毛主席的诗词,大气磅礴。语文课本上的作者简介写着:毛泽东,政治家,无产阶级革命家,战略家,理论家,诗人,书法家。这可不斜杠了六个身份吗?渡边淳一既是医生,又是作家,他在文学和医学领域的成就都很出色,而他小说中反复出现的对死亡这个命题的理解,应该和其从医经历分不开。文艺复兴时期的达·芬奇就更不用说了,画家、数学家、解剖学家、天文学家,其知识渊博程度和天才程度令后人叹为观止。

　　但为什么斜杠一直存在,从前并没有"斜杠"这个说法,近些年却轰然开始流行呢?我琢磨了一些原因:现代企业管理制度强调"专业化分工",企业制的商业和社会影响力之大塑造了全民的职业理念——每个人都要找到自己的细分工种,再用"一万小时定律"精进自己的职业技能。而近些年,由于人工智能的发展,大量的具备可被练习性和模仿性的工种已经或者将会被机器人迅速取代。一方面是出于焦虑,人们在主业之外同时经营一份副业的现象开始普遍出现,导致"斜杠"规模化,另一方面,最不可能被人工智能取代的比如有关创意、整合性质的工作,相关能力恰恰可以通过"斜杠"身份得以提高。曾经的"斜杠"或只出现在少数天赋异禀的人身上,如今的"斜杠"变成了大量普通人的选择。另外,"斜杠"更多地出现在年青一代，我觉得这其实是一种时代的进步，经济水平的提高赋予了年轻人选择的自由和自信，相比前一代人，他们更敢于打破工作的框架与边界。

现在人们对于工作的追求，并不只是想谋得一份旱涝保收的职业，更把它看成一种生活方式。于我而言，人生的意义在于体验，放长到人生的纬度，其实本就没有什么目标。建立严格的职业边界，使得分工专业化，本就是工业时代为快速提高生产力的产物。去专业化，打破职业的边界，鼓励人们以多种多样的方式参与到价值创造中，我觉得这是把人更当"人"看的劳作方式，是人类文明的进步。

现在的大学生比我们当年更早有了忧患意识，大一开始就写简历、找实习，为的是尽早进入行业人脉圈，铆足了四年的劲儿去求得一份好工作。我常常觉得这样的氛围太过现实，鲜有人再去谈理想和人文主义。职业规划当然是好事，但为大公司和就业市场输送合格的人才，从来不应该是教育的首要目的。如果"斜杠"真的越来越成为主流的职业身份，那么，对自我的探索、对跨领域研究的推崇或许才会真正毫无阻力地取代职场教育，成为更重要的求学目标。

商业无边界 | 老板思维和员工思维

❶

埃隆·马斯克是我最为崇敬的企业家,他身材魁梧,做事风格高调,眼神里有一种又冷静又炽热的野心。

马斯克是当之无愧的"跨界之王",其他的所谓跨界,在他的商业版图面前都只会黯然失色,因为他涉足的每一个领域都实在太硬核了,任何一个拿出来,都是绝对的高风险高投入——电动汽车品牌特斯拉,创造了私人企业发射火箭先例的太空探索技术公司SpaceX,专注于太阳能等可持续能源开发的公司SolarCity,与脑神经和人工智能相关的商业项目,还有超高速运输公司Hyperloop,其宣称的"30分钟从旧金山到洛杉矶"的项目曾在媒体上轰动一时。

马斯克其实早在29岁就通过Paypal的上市获得了财务自由,他之后如此大开大合的商业战略决策我觉得并不是由追求财富驱动的。我看了大量的关于马斯克的新闻报道、视频采访、他个人的文字资料,甚至是他历任妻子对他的评价,翻来覆去消化了好多遍之后,我得出来一个结论:有极致野心的人往往天真,他们的每一次成功不是让他们越来越像成人,而是越来越给他们勇气去回归孩童时期天马行空、无边无际的想象力。他们是真的想改变世界。

以马斯克的思维能力,他的心中一定有一盘大棋。简单梳理一下马斯克的一些大动作：

2002年（31岁）	成立太空探索技术公司SpaceX，计划实现人类火星移民
2004年（33岁）	成立电动汽车公司特斯拉
	（2008年，SpaceX三发火箭失败，特斯拉运营状况不佳）
2010年（39岁）	特斯拉在纳斯达克上市；成功发射火箭到地球轨道，创造由私人企业成功发射火箭的首例
2011年（40岁）	成立SolarCity，后成为美国最大民用太阳能板安装商
2013年（42岁）	成立Hyperloop，打造"超级高铁"
2016年（45岁）	成立The Boring Company，专注于解决地面拥堵的轨道交通公司

下面是这些公司的愿景和使命：

SpaceX	使人类可以居住在别的星球
特斯拉	加速世界向可持续能源的转变
SolarCity	用太阳能生产清洁能源
Hyperloop	消灭时间与空间障碍，颠覆现有的交通体系
The Boring Company	挖掘地下隧道促进地面交通

我相信看到这里，你一定已经读出了一点感觉，马斯克的公司不是关于交通（包括太空交通、地下交通、地面交通）就是关于能

源，每一家公司与每一家公司之间都有可感可知的联动。

2016年，马斯克在墨西哥的宇航大会上发表了一个演讲，题目是"Making Humans a Multi-planetary Species（使人类成为一个多星球物种）"。所以他最先成立的公司就是SpaceX。但是要通过发射火箭实现移民，最核心的问题可能就是能源，为了对能源有更深刻的理解，马斯克涉足了电脑和太阳能。Hyperloop（超级回路）是一种真空钢管运输技术，因其超高速、能耗低、噪声小等特点也被称之为"飞速铁路"，不论是如今在地球上，还是将来若真可移民火星，这都将会是造福人类的颠覆性技术。如此一来，我就越来越能理解为什么大家都用"硅谷天才"来形容马斯克了。他很早就找到了一个非常宏大的、别人想都不敢想的愿景，之后的每一家公司不过是为了实现这个终极目标的手段和方式而已，而且所有的动作都完成得非常快（特斯拉上市仅用了六年）。他从来没有忘记初心。

马斯克第一次让我感受到，真正的企业家心里只有他们对理想世界的向往，那是一个方向性而非框架性的概念。所以他们看起来总是那么野性，那么无惧，甚至有点贪婪，是因为他们的脑子里本身就没有边界，没有什么不能做的生意，也没有什么不能进军的行业。

比起一个深谋远虑、事事精打细算的"老狐狸"形象，商业天才们身上更突出的其实是一种**孩童性**，小孩子对这个世界的想象才是真正没有边际的。

❷

我相信世间万物存在共性，伟大的企业家们也一定有相似之处，我试图带着从马斯克身上看到的东西去看看其他人。

杰夫·贝索斯带领亚马逊从一个"网上书城"，变成一个在云计算、电子产品、影视制作、零售产业链等领域都非常强劲的庞大综合体，亚马逊的使命是"成为世界上最重视消费者的公司"。贝索斯本人虽然是计算机专业出身，但是对于哲学和心理学等都有着非常深刻的理解，细读他每年的致股东信就可以感受到那种强烈的悲悯和人文情怀。

史蒂夫·乔布斯和他的苹果公司是每一个顶级商学院都绝不会错过的经典案例。不论苹果手机如今的市场份额是否还独占鳌头，但是是"苹果"定义了智能手机的模样，乔布斯本人也早已封神。由美国著名作家沃尔特·艾萨克森撰写的《史蒂夫·乔布斯传》原著和中译本我看了好几遍，乔布斯是一个对"美"有着极致追求的人，他其实并不在意这个具体的产品是手机、平板电脑还是线下商城，所有都是他所塑造的美的载体。

再讲一个我很喜欢的中国企业家，王兴。之前在第三章的延伸篇《如何抛弃关于竞争的耻感》中引用过他的语录。从人人网（校内网）到饭否（迷你博客网站）再到如今的美团网，他是一个非常自信，但又很有耐心、懂得隐忍的CEO。美团在最开始只是一个用餐的团购网站，在不到十年里，发展为集外卖、团购、票务、酒店、网约车、单车、金融,甚至买菜等业务于一体的庞大生活服务类平台。美团几乎以一年一个新业务的速度在强势进化,时下的风口行业似乎都能看到美团的身影,因此也让美团陷入了**无边界发展**的质疑。王兴说:"在'Eat better, live better(吃得更好,生活得更好)'的核心理念下,美团一直在重新定义它的边界。太多人关注边界,而不关注核心。"

王兴的话让我"噌"的一下体会到了商业的感觉。为什么那些成功的商业在成功的同时,总是给人一种贪婪、掠夺的野性观感?我想这可能是大众心里有一个并不正确的预设:你是做哪一行的,你就应该深耕属于你的一亩三分地。但事实上,真正的商业只存在战略上的终极核心,而究竟要通过什么样的生意和业务去到达那个核心是没有边界的。这个核心立意越高远、越宏大,带动的商业就会越无界。

我自己是学商科出身,毕业之后首先进了四大,四大是非常好的平台,它带给我的是一种专业、系统的精英式的职场人培训。后来一个急转弯进了创投圈,当我身边围绕的人从西装革履的专业人士变成各色各样的创业者,这对我思维的颠覆是非常大的。创业者,尤其是那些年纪轻轻的创业者,给我的最强烈的不同于精英商科毕业生的感觉就是身上有一种"匪气",他们的思路、行为和说话方式都是非常飞扬的,好像没有什么自己做不到的事,好像也没什么不能做的事。

2018年的冬天，一位朋友发信息给我："今天心情不是特别好，团队要解散了，晚上有空一起吃饭吗？"他大学辍学，连续创业三次，第二次其实已经小有成就，到手的现金足以让他在上海最繁华的地段付一套首付。

第一次去他的办公室，在陆家嘴附近的一个高楼层，巨大的皮沙发椅转过来，感觉一个穿着T恤衫的高中生在偷偷坐他董事长老爸的座位。他的助理告诉我，就是他，他就是我们公司的老板。他也完全没有职场人互相寒暄的那一套，开门见山地跟我说："来，告诉我你的需求点是什么。我等下再跟你说我的资源和我的需求。"我一来不是很喜欢他吊儿郎当的外在形象，二来我想说，也太"老油条"了吧？一上来就让我先说。但因为我当时心里已经对于跟他将来合作不抱有太大期待了，那就随便聊聊吧。

但万万没想到的是，随着他开始逐步聊他的事业板块、对未来的规划、他对行业里各个关系链的揣摩和理解，我已经完完全全被他征服了。他眼神里流露出的坚定和野心非常吸引我。

他狡黠地说："我没读完大学哦，但手下帮我画PPT、改文案的那帮人有复旦的，还有耶鲁的。他们有的是从第一家公司开始就跟着我的。"

我其实有些惊讶："你觉得他们为什么这么信任你？"

"他们没有想法，没有欲望，只会做事，真的。所谓欲望不是将来要赚多少钱的欲望，而是巨大的欲望，有想象力的欲望。大多数人都没有这个东西。"

结果是，当天晚上我大概 8 点到的他公司，走出大楼的时候已经是凌晨 1 点 48。他送我下的楼，上的车。他的助手跟我说："我们老板一般都是让我送，他很少亲自送，倒不是耍大牌，他觉得这些可有可无的礼节没什么意义，浪费他时间。所以他能主动送你，要不呢就是想挖你，要不呢就是喜欢你。"

我回家后收到他的信息："你会是一个非常好的商务。商务最重要的就是会聊天，跟任何人都能迅速进入一个频道，把人聊开心了，事情就成了一大半。但你现在有两个不足，第一是对区块链的理解还不够深，不过这个没关系，很快就能上来；第二点，你身上还是有一点点束手束脚的感觉，可能你要尽快忘掉学校教你的有些东西。希望以后有机会合作。"实话讲，如此单刀直入的评价我之前很少听到，而且还出自我的一个同龄人之口。

当收到他说团队要解散的消息的时候，我是很惊讶，也有些担心的，我想这么意气风发的他遇到这种事情肯定会低落。我们约在一家毫不起眼的小火锅店，我到的时候，他已经点满了一桌子菜。

"来来来，吃吃吃。我已经好久没有坐下来吃过一顿饭了。"

见他没有要聊正事的意思，我先开口问："怎么了，公司什么情况？"

"嗨，现在行情不好你也知道，小交易所很难活下来，先解散吧，我明天要去投资人那边，不过我应该会搞定的，没什么问题。"

我明白他只是在故意轻描淡写："那今天，怎么没找团队成员大家一起吃个饭？"

"不用了吧，懒得感伤。我做第一个公司的时候就是一起吃的散伙饭，我觉得……还是别了吧。"其实，没有一个真正有人格魅力的老板是不讲感情的，只是可能他们的理智和专业性不允许他们这样做。

我正准备找一些话来安慰他，我还没说出口呢，他突然话锋一转跟我说："其实今天呢，我是有另外一件事情想跟你说。交易所不好做，我现在想转做区块链媒体，我觉得市面上还没有哪一家做得绝对的好，还有很多机会。"

我一下子没反应过来："等等，你不是擅长做技术做平台的吗，媒体主要是内容，你身边有人吗，你有经验吗？"

他眼睛里突然开始放光："我跟你说，这几周我一直在研究竞品，我觉得差不多研究明白了。我也跟我之前第二个公司的投资人聊了聊，他觉得可以做，有很大希望拿到钱。团队可以再组建，这个很快的。我今天晚上找你的主要目的就是想说服你和我一起做，我觉得你很适合做媒体。"

我当时听完的感觉就是，等一等，你等我喝一口水缓一缓。

我觉得这就是我跟他最大的不同。我在思维上和行动上都有明显的框架界限，什么是我擅长的，什么是我可以做的，什么是我不可以做的，我要分析，我要权衡，我有很多担心，总觉得会有很多隐患。这种东西其实会削弱一个人的胆量和可能性。但是他完完全全没有，给我的感觉就是一只自由的飞鸟，只要他人还在，他就可以学会任何东西，做任何事情，野蛮生长，所向披靡。

后来由于种种原因，我并没有答应他的邀约，但这并不妨碍我们确实成为了很好的朋友。他教会我最重要的一点就是——尽可能地打破边界，向外延展，无限延展，才能真的勇敢，真的自由。

❹

马云说过一句话："我这个人不爱钱，我对钱没有感觉。"这句话作为段子在网上广为流传。

但我特别明白马云在说什么。那些通过商业真的赚到大钱的企业家，内心都有一个很宏大的世界，他们有对自由的信仰，这种信仰会带来巨大的能量、勇气和创造力，由此一定会产生一些具有颠覆性意义的产品和商业模式。而这个东西，一定具备难以估量的商业价值，所以钱会作为副产品随之而来。

不论是通过读大量的商业人物传记，还是我能够触及的身边从商的人，我发现"无界"的思维方式从来不是强者的特权，虽然经验不一样、能力不一样，但是看待事情的角度和做事的方式可以一样。我之前也一直在思考，为什么那些一流学校毕业的人会为辍学者打工？为什么有的人总能吸附别人，有的人却只能依附别人？究竟什么是个人领导力？为什么有的人能当老板，有的人却只能永远是员工？这些问题的答案肯定是非常综合的，但我慢慢体会出了一个非常本质的东西：所谓老板和员工，并不是在其位、谋其政，而是一种思维方式。

有潜力做老板的人和一辈子只能做员工的人的最大不同之处在于，是否能知行合一地用"**无界思维**"来指导自己的事业。老板看待商业是没有边界的，所以他常有灵感，常有激情，既能另辟蹊径、起死回生，也能把稳扎稳打的局面带入新高度。老板擅长抓大放小，知道他要创造的事业的核心点在哪里，没有"什么能做什么不能做，什么该做什么不该做"的条条框框的限制。

而员工比较有规矩感，始终没有办法进行"盒子之外的思考"。有的人虽然只是员工，但他的想法早就急不可耐，这样的人有一种巨大的能量场，他迟早会成为老板；有的人虽然一路升职加薪，有望成为老板，但如果永远是员工思维不自知，就永远做不了一把手，或者很快会被后来者取代。

很多在大公司工作了几年的人都会考虑跳槽，但我身边绝大部分的人是跳不出去的，最大的障碍其实就在于具有明显框架边界的"员工思维"——我是哪个专业毕业的，我之前的几年从事了什么，我在哪个城市已经积累起了一些人脉，我不愿意换，不舍得不换，不想也不必有调整，自然就锁死了跳槽的去向。事实上，经验从不会被浪费，如果真的可以放开手脚，失去的是锁链，得到的将是整个世界，这就是"老板思维"。

在商业世界的运行里，我承认，老板永远是少数，我们不需要那么多的老板。但是我们每一个人的终身事业，都是一家"**自我无限公司**"，我们都应该做"人生"这家公司的大老板。

驱动无界的"万有引力"

不论是人生、职业还是商业,需要且只需要找到一个"万有引力"式的东西。对人来说,这个东西是你真正的自我和灵魂;对于职业来说,是你的心之所向,终身热爱;对于商业来说,是你的愿景,是你想创造的世界或想改变世界的那一部分。找到它,你便可以去做你想做的任何事,你越没有边界感,这个"万有引力"的核心就越强大;核心越强大,你的边界就越无止境。

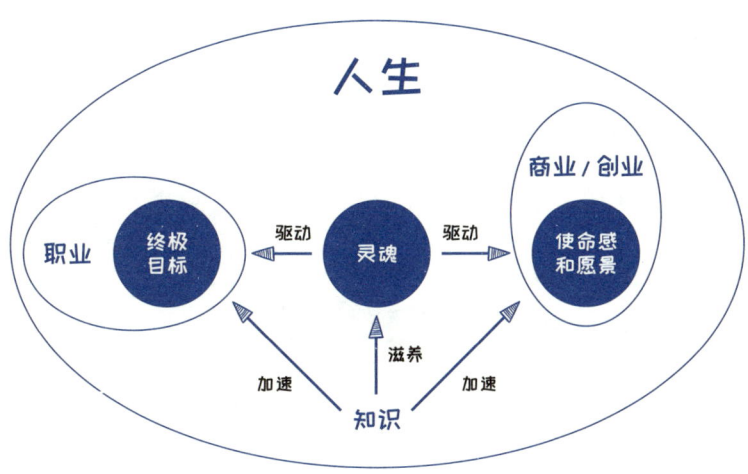

驱动无界成长的逻辑图

1. "人生"是最大的命题,人终其一生,是为了找到自我。
2. 职业和商业(创业)都是实现自我的方式,由灵魂驱动。

3. 知识会加速人生的自我实现，同时滋养灵魂。

4. 知识的无边界和对人生理解的无边界，才会不断扩大职业与商业的外围。

延伸篇：偶遇江苏卫视《一站到底》

❶

收到节目组的录制邀请时，我在香港刚过完筋疲力尽的一周，下一周回到上海后又将昏天黑地一番。当时离《一站到底》的导演给我面试已经过去了两个多月，我都快忘记这事儿了，录制的消息实在是来得猝不及防。

虽说得到通知时又惊又喜，想着总算是有机会亲历一番卫视级别的综艺录制了，但我当时的状态着实凌乱，从内到外都没准备好，实在不想在一种手忙脚乱的状况下来应对这次机会难得的体验。我想，要不等到更游刃有余的时候吧，那样可以完成得更好一些。

考虑了十来分钟后，我婉拒了这次即将到来的录制："最近实在太忙了，下次有机会再来，感谢导演。"我以为《一站到底》这种周播节目，既然节目组已经有了让你去录的意愿，那就下个月或者下下个月再去好了，总有机会的嘛。

节目组的导演们都是人精儿，和太多人打过交道，一下子就知道我在想什么。很快，我收到了导演的短信："胜子，我建议你这次就过来哦。因为节目组的备用选手很多，虽然每个月都有录制，但我们要考虑每一期选手的职业、性格和形象搭配，以及当期节目的调性和主题，有很多人排队一年了也没录上。这一次会很适合你，希望你来。"

  这下我可真犹豫了。一方面想到手上千丝万缕的事情本就让我身心疲惫，好像实在没有心力去准备节目的事情，更别说效仿一番女明星在录制前一周突击减个肥了，不管是节食还是健身，在当时争分夺秒的节奏中根本不可能；另一方面觉得导演说的句句在理，何况以我过往的经验，有些事情时机是很重要的，要真再过个一两年，可能就没意思了。

  当时，我正好和朋友在香港的一家印度餐厅吃晚饭，他们说："要不你还是等等吧，像你这么完美主义的人，万一没发挥好肯定会很痛苦，等自己的状态到位了再去，不急这一次。"我的心思也完全不在晚饭上了，纠结得很。我发现我脑子里开始情不自禁地幻想录制节目的场景和感觉，以及节目真的在电视上播出时我爸爸妈妈的心情——这种不经大脑的思绪才是真正的信号，是我潜意识里更侧重的一方，这说明我对这件事情本身的期待明显超过了其他，占了绝对的上风。

  我在做决策这件事情上是小有天赋的，什么时候要用理性的利弊分析，什么时候要用直觉，什么时候要多听周围人的建议，什么时候又一定要听自己的，我好像很有感觉，所以总能果断地抓住机会，很少失手。

  当晚走出香港的那家餐厅，我果断给导演回了信息："谢谢您，咱们下周末南京见！"

❷

周一我先回到上海，刚打开电脑，邮件便铺天盖地过来，那是我在忙季里加班最严重的一周。而节目的前期准备比我预计需要花费的时间还要多，我要和导演组来来回回地发信息或视频通话，撰写各种各样的个人简介和文字资料，让他们进一步了解我的性格和经历，导演们再根据他们的专业经验告诉我要如何进行舞台呈现，哪一部分的故事是观众更愿意听的，哪一些话是适合在电视平台上讲的，对于毫无节目经验的素人选手，这些东西都需要导演一点一点地去教。

事情虽多，但却不能熬夜打时间战。我那些很有上镜经验的朋友一再叮嘱我，录节目前的一周尽可能多睡觉，调整皮肤状态。我当时对时间珍惜到了什么程度呢？我本是一个酷爱喝水的人，每天至少会喝两升水，我觉得这是一个很好的生活习惯，喝水让我的身体和心情都特别纯净，唯一不好的就是日均去洗手间的次数也是一般人的两倍。为了把这点时间省下来，我有意识地能不喝水就不喝水，除非口干舌燥。吃饭从简就更不用说了，连洗澡洗头都拿出了军训时给自己严格限时八分钟的那一套。

所有的选手在录制前两天抵达了南京。录影棚在市郊的一个影视基地，也是张艺谋导演拍《金陵十三钗》的主要拍摄地。选手和编导们同住在影视基地的酒店里。节目组一再嘱咐，如果在酒店遇到疑似参赛选手的人，你们不要攀谈也不要讲话，加微信更不可以，为了节目效果的绝对真实，你们必须在录完节目之后再互相认识。

我觉得这种神神秘秘的感觉挺有意思的,像在做间谍(好像不是很贴切)。但所有人都十分听话,在吃自助餐的时候大家遇到了,彼此心照不宣地看都不多看对方一眼。同住的女生是和我同一天录制的另外一期选手,即并不是我的同场选手,导演也交代我们,即使同住一间,也只聊些吃吃喝喝的就好了,先不要暴露身份。我当时猜她是一个模特,个儿特高,很瘦,妆也化得非常漂亮,后来知道了,她是南京航空航天大学毕业的95后女机长,当年在上大学时她的多项体能测试比男生还要厉害。

导演们在那两天里非常耐心地陪我们练舞台状态,预设各种各样的状况:如果你被第一个选中上台答题怎么办?如果你遇到名人堂(即往期冠军选手)怎么办?服装也是节目组选的,他们说,这件红色好,符合你的舞台个性,也会非常亮台。录制前一天的彩排,我们用的是假名字、假身份,只是练习一下说话的声音、走位和对舞台的感觉。

录制当天的琐事非常多,比如发型、化妆、拍照、戴名牌和贴身话筒等,但各种流程都被安排得有条不紊,每一个环节都有电视台的专人负责。果然,任何一档节目背后所付出的人力物力,是观众根本看不到也想象不到的。

在正式开始录制之前,现场导演站在舞台中央,作为临时主持人调动全场的情绪,包括现场的观众、选手,甚至是所有工作人员,大家都必须在这几分钟进入状态。我的导演在我上台前告诉我,要尽可能去展示自己真实的反应,要放松,如果别人说到好笑的地方可以自然地笑。不管有没有轮到你答题，我们的摄像机都会捕捉你的每一个动作和表情，最后通过剪辑把合适的素材展示出来。而我们普通人没有经验的地方在于，舞台上的所有细节其实都会通过镜头放大很多倍，好的地方会放大，不好的地方会放得更大。虽说要自然，但是表情和仪态管理应当时时刻刻头悬一根线，一定要在有所控制的前提下做到自然。事实上，生活中的那种笑容直接放到镜头前并不会特别好看，会有点过。

好哥和晓敏姐（江苏卫视主持人）走出来的那一刻，现场的音乐、灯光全部跟上，当时感觉脑子一下就热了。果然是获过"金话筒"奖的两位主持人，开场、控场都行云流水。

虽然节目最终播出来只有 1 个小时，实际上我们大概录了 3 个多小时。现场答的题目更多，选手之间的互动也更多，但只有精彩的部分才会在播出的正片里保留下来。录制时中间休息了几次，时间也不长，主要是调整一下大家的发型和妆容，现场导演也会在这个时候走到我们身边，给我们各种各样的鼓励和建议："刚刚在机器前看，你的表情声音都很好，完全没有问题。等会儿是最后一轮答题，整体状态可以再起来一点，加油！"其实对于当时电视节目经验为零的我来说，脑子全程都是又亢奋又蒙的，会一瞬间有种不知道"我是谁，我在哪"的感觉，所以心理上其实特别需要导演们的这些表扬和指点，我也在暗暗赞许他们的专业度。

节目录完之后已经很晚了，但当时的情绪浓郁度压都压不下去，仿佛完成了一件人生大事儿。之前在酒店相遇时不得不"冷脸相对"的同场选手们，此时才终于开始在后台熟络了起来，加微信、拍合照、一起分享刚刚在台上的心情，然后大半夜的又一起去吃了火锅。导演最后的嘱咐是："在节目播出之前，大家不要把比赛结果告诉任何人，一定要保密。"

所以我一直忍着连我爸爸妈妈都没有告诉。我爸爸问："你答得怎么样嘛？如果答得好，我就让亲戚朋友们都来看一看，答得不好就算了。"我知道爸爸只是在特意诈我，所以依然笑而不语。

节目播出的当晚我本还在公司加班，但微信和微博的提示音从节目一正式开始就"滴滴滴滴"没停过——各种各样的信息，还有家人、朋友们给我发的实时的节目截图和小视频。我索性抱起电脑，叫了个车。所以，我就是在回家的的士上，拿着手机看完了我人生的电视首秀。

尽管朋友们一直发消息鼓励我，说状态特别好，但自己看自己就是很别扭。我之前从来没有360度无死角地观察过自己在竞技状态下的神情，一个表情的不到位，一个多余的小动作，或者一句不应该有的尾音，都会让我遗憾很久。我的朋友王春彧安慰我："没事，第一次已经非常好了。我录《最强大脑》的时候，也对自己非常严格，反反复复把每个细节看了很多遍。怎样面对镜头，本就是一件需要反复琢磨和练习的事情。"

❹

我去参加《一站到底》的初衷其实很简单,这档答题节目曾经在我的低谷时期给过我很多力量,我也一直对电视行业非常感兴趣,我起初确实只把它看作一次纯粹的体验而已,其他的蝴蝶效应完全在我的意料之外。

节目播出之后的一个月,我突然收到了一场主持邀请,是留英杰出华人在上海举办的一个晚会,华威商学院是当时的主办方之一,他们说,有校友在节目上看到了我,觉得不错便向组委会推荐我去主持。正是在那场活动上,我遇到了之后对我非常重要的两位挚友兼合作伙伴。

进入区块链行业的故事就更有意思了,各位创始合伙人在看完我《一站到底》的视频后,一锤定音说:"很好,这个女生很有冲劲,从眼神中能看得出来。"于是,我很顺利地加入了一个极其优秀的团队。

后来有一次在国外见投资人,他们从团队简历中看到我有参加电视节目的经历,很感兴趣,便在晚饭时问起详情,我当即在网上搜了《一站到底》的片段给他们看。其实当天并不顺利,谈事情谈到双方都有些吃力,没想到就着电视节目这个事情,让当时的气氛轻松了不少,很好地充当了"缓和剂"。

我现在很深的一个感受是,在一个行业里发展,越到后面大家的基本盘就越相似,你会的东西别人也会,你有的资源可能别人也有。这个时候你有没有一些差异化的经历，让人觉得你是一个有意思的人或不一样的人，反而变成了决胜因素。

人生，重在故事感。只有那些唯你独有的经历，才会让你拥有作为一个"人"的溢价。或者是你参加过电视节目，或者是拍过一部微电影，又或者是去吉尔吉斯斯坦骑过摩托车，这些当然成为不了工作中的核心优势，却没准可以在关键时刻成为你的差异化优势。

现在，一件事只要我决定去做了，便会拿出对待工作的态度去做，不分什么正事或非正事。毕竟每一件事，都有可能在未来的某一刻，迸发出巨大的能量。正如乔布斯的"连点成线"的思想，所有无用之事都有用，人生所遇之事都互为因果，从不孤立。

现在我再回看自己《一站到底》的视频，已经没有了当初那种别扭的感觉，虽说从身材、表情、仪态的管理和控制，到知识储备和临场思辨，可提升的地方还有很多，但我一点也不觉得有什么遗憾。它用影像留住了当时最真实的我。

写到这里，此书也快结束了。感谢此书，也会用文字留住现在最真实的我。

已经夜深，风起微凉。

后 记
Afterword

刚开始写这本书时,我简直太兴奋了。我仅用了两个小时就确定好了书的提纲,风风火火,一气呵成。我写东西很快,表达欲也蓄势待发。虽然我不想再提起当初是如何在编辑面前夸下海口,说"用不了多久就能写完整本书",但我必须得说,第一次写书的我,严重低估了写出一本书的难度。

我虽喜欢写作,但之前多是凭灵感、凭兴趣,感觉来了才写。有时百来字,有时几千字,不想写了便毫无压力地停下,我想聊什么就聊什么,叽里呱啦,天上地下,全以自个儿写得痛快为准。别说,这种任性的方式也常常会诞生出惊喜,我有时甚至怀疑——这真的是自己写出来的吗,怎么能写得如此之好。所以写作半小时,自我欣赏两小时的事情常有发生。我自认为是一个天赋型选手,并为此沾沾自喜。

但当你开始写书,一切都不一样了。你有了硬性的目标,一天写出 5000 字不是什么难事儿,但每一天都写出 5000 字,非常难。表达欲看似来得猛烈,但续航时间短,很快就烧没了,我得动用意志力,强迫着自己持续产出。说来惭愧,我在写作上甚少动用意志力,所以没过多久意志力也用没了,我开始进入干涸期。倒不是写不出一个字,而是怎么写都不再令我惊喜和满意,怎么写都觉得好像在重复之前的内容。我找不到写作的快乐,我开始自我怀疑,开始拖稿,一拖再拖。

编辑们宽容,他们表示理解我的这种状态,但我自己在这种状态里寸步难行,很痛苦。我在那段时间搜寻了大量职业作家讨论"写作"本身的文章——我读了村上春树的《我的职业是小说家》,毛姆的《作家笔记》,钱锺书的《写在人生边上》,斯蒂芬·金的《写作是什么》等。我本是为了寻得一些激发灵感的技巧,但这些名作家却无一例外地表示:真正专业的写作根本不是靠灵感驱动的,是日复一日的机械训练。想写得写,不想写也得写;写得好要写,写不好也要写。我最偏爱的现代女作家严歌苓说:"写作最大的敌人是懒惰,是不想往桌子面前坐。"我突然想起村上春树的那句"今天不想跑,所以才去跑"。于写作,于任何你想做得更专业的事,或许这才是唯一的技巧。

写书还有一道我要攻克的心理障碍:我要容忍自己的审美大于能力。审美是你认为的"好"的标准,你知道金线悬在那儿,但你写不出来、够不着。从前的零碎写作没有给过我这种感觉,是因为我觉得我是随便写写的,没花什么工夫,一旦我认真写肯定就不止于此了。好了,现在开始写书了,正儿八经写了,我必须承认,大多数时候你能写出来的东西都要低于你想写出来的东西。写几千字时不觉得,写几十万字,分分钟让我感觉到我在触碰自己能力的边界。这对一个曾经自诩颇有天赋的人来说,无疑是一种打击,但我必须清醒地认识它，勇敢地接受它。

通读这本书，我能感觉到还有很多不足之处：有些地方不够凝练，用词用句都有些拖沓；有些时候好像要往更深的地方钻，但事实上没下去，堵在那儿；字里行间还是有些年轻人的毛躁和炫耀，我知道需要更平和内敛些，但我也都没有再去改了。不是因为我喜欢残缺美，而是即使我挑出来改，一改再改，也大概率不会比现在做得更好了。现在能写出来的样子，已经是我现有能力的真实体现。

我有"吾日三省吾身"的习惯，喜欢琢磨所遇之事，也会定期复盘。这次写书，我本觉得不过是把之前想明白的事儿系统地表达出来罢了。但写着写着，我对从前的诸多经历有了更新的理解，我以为之前已经想得够深了，原来可以更深，所谓"温故而知新"。另外，我一直有一个观点：**语言的边界就是思维的边界，写不出来就是没有理解**。因此，我可以利用写作来验证我哪些东西是真的明白了，哪些东西只是以为自己明白了。

哈佛心理学家斯蒂芬·平克说过一句名言："写作之难，在于把网状的思考，用树状结构，体现在线性展开的语句里。"写作就是这样的一种思维训练。从这个意义上，我真心鼓励每一个人去写作，从很小的地方写起，从最熟悉的地方写起，写自己的个人经历。我相信你也一定会受益于此，收获良多。

当然，我知道自己是幸运的。我不仅有机会写出来，还有机会出版，让自己的声音被人听到是一件幸福的事。所以还是想说声谢谢。以前以为反复说谢谢是一种礼节和体面，现在明白了，是真心。